Lb ^{41} 21.07

LA
RÉVOLUTION FRANÇAISE
A
GENÈVE;

TABLEAU
HISTORIQUE ET POLITIQUE
DE
LA CONDUITE DE LA FRANCE
ENVERS LES GENEVOIS,
DEPUIS LE MOIS D'OCTOBRE 1792, AU MOIS DE JUILLET 1795.

Par M. D'IVERNOIS.

SECONDE ÉDITION,
CONSIDÉRABLEMENT AUGMENTÉE.

Veluti in Speculo.

LONDRES:

Se vend chez P. ELMSLEY, Strand; J. DEBRETT, Piccadilly;
J. EDWARDS, Pall-Mall; J. SEWELL, Cornhill; VERNOR
& HOOD, Nº 10, Birchhin-Lane; & J. DEBOFFE, Gerrard-
Street, Sol.c.

JUILLET 1795.

INTRODUCTION.

Londres, ce 25 Juillet 1795.

LES trois Lettres fuivantes furent adreſſées à un Américain, à l'époque où les émiſſaires Français prêchaient ouvertement à la République du nouveau monde les mêmes principes de foulèvement fous leſquels venait de fuccomber celle de Genève. Graces immortelles en foient rendues à Waſhington ! il a fonné à temps le tocſin des loix ; les amis de la liberté ont volé au loin fous fes ordres. Par-tout où les Français avaient réuſſi à faire élever le fignal de rebellion, qu'ils appellent *l'arbre de la liberté*, il a été arraché avec indignation par des foldats citoyens ; &, d'une extrémité de l'Amérique à l'autre, ce fymbole de la Révolution Françaiſe n'eſt plus connu que fous le nom d'*étendard de l'anarchie*. (*)

Puiſque le récit des malheurs révolutionnaires de Genève eſt devenu inutile aux Américains, je me fens preſſé de l'adreſſer au parti Français de la Gironde. Qu'il y reconnaiſſe fon ouvrage. Le plus fûr moyen de démaſquer fes chefs, qui rempliſſent l'Europe de leurs cris fur la perſécution qu'ils ont eſſuyée fous Robeſpierre, c'eſt de publier l'hiſtoire des perſécutions qu'ils fuſcitèrent eux-mêmes dans Genève, pour nous révolutionner ; c'eſt d'apprendre à l'Europe que, dans cette petite République, pure juſqu'alors, ces mêmes Girondins ont exercé la même

---

(*) The Pole of Anarchy.

tyrannie qu'ils ont foufferte ; & qu'ils y ont fait commettre les mêmes atrocités qu'on a commifes envers eux.

Le Général Dumourier les avait fuivis de près, & ce font eux qu'il accufe d'avoir fait *de Genève un Club, & non pas une République.* Qu'ils effaient, s'ils le peuvent, de rejeter cette œuvre fur Marat & fur Robefpierre ; toute la France leur répondra que ces deux fcélérats leur avaient du moins abandonné exclufivement le département des crimes extérieurs.

Ceux des Girondins qui ont furvécu à leur première défaite afpirent au titre de *fondateurs* de leur République ; ils ofent s'appeler les *pères de la Liberté Françaife*, eux, qui dès le commencement de leur règne, ont préparé, contre la liberté du monde entier, plus d'armes & d'ennemis que tout ce qu'ils appellent les Defpotes Couronnés de l'univers, n'auraient pu lui préparer d'adorateurs pendant des fiècles de tyrannie ! Qu'eft-ce qui a mis en fuite, ou réduit au filence, le petit nombre de Français qui tentaient d'adreffer à la liberté le feul culte qu'elle puiffe reconnaître ? N'eft-ce pas leur confpiration du 10 Août contre la Conftitution balancée, dont la France entrevoyait du moins l'aurore ? Ah ! d'âge en âge, la poftérité les appellera les *Liberticides* de leur patrie ; car il leur était réfervé d'inventer un nouveau nom pour leur doctrine empoifonnée, & pour cette chaîne de forfaits, dont il peuvent vraiment fe glorifier d'avoir donné le premier exemple au monde.

L'un des leurs, l'Abbé Sieyes, a prétendu faire la tableau fuivant de la cataftrophe de fon parti. *La minorité régnait ; & ce renverfement de tout ordre focial fut l'effet de l'apparence d'une portion du peuple qu'on difait en infurrection, tandis qu'il n'était que le témoin d'un crime qu'il* IGNORAIT.

Voilà trait pour trait le tableau de la feconde Révolution de Genève. Quant à la première (celle que les Girondins y opérèrent en 1792) celle-ci ne fut point un crime que le peuple Genevois *ignorait,* mais un crime contre lequel il fe débattit long-temps avec union & avec énergie ; & la faction de la Gironde elle-même ne put réuffir à le lui faire commettre que lorfqu'elle lui en eût impofé l'obligation, fous peine de fe voir incorporer à l'horrible Empire qu'elle fondait alors fur le meurtre du vertueux Louis XVI, & qu'elle efpère cimenter encore avec le fang de fes fujets.

Girondins! toute la Révolution de Genève eft votre ouvrage : c'eft vous, c'eft vous feuls qui y entraînâtes irréfiftiblement cette petite peuplade : c'eft vous qui, après avoir employé fans fuccès contre elle, les attentats de la force, chargeâtes vos Plénipotentiaires de la révolutionner *par adreffe* : c'eft vous qui la défarmâtes par des traités, que vous n'aviez contractés qu'afin de les violer. C'eft donc vous qui avez couvert Genève de tant de crimes, qui font les vôtres bien plus encore que ceux de fes habitans. C'eft vous enfin qui, après avoir paru compâtir un moment à leurs fouffrances, venez de prendre ouvertement les Robefpierre Genevois fous votre protection fpéciale. (1) Non, jamais, jamais les annales de vos Rois, fi fertiles en intrigues, n'offrirent un mélange auffi abominable de violences, d'aftuce & de perfidies.

---

(1) Voyez p. 158 la déclaration officielle du Citoyen Defportes, Réfident de France à Genève. 5

Eh bien! vous aviez condamné Genève au fuicide de fa liberté. Vous n'avez été que trop obéi. Le crime a été commis, peut-être n'eft-il point confommé. Vous aviez ordonné à fes citoyens de *naturalifer* l'égalité abfolue dans leur fein ; (2) hâtez-vous donc de leur notifier que vous-mêmes, vous venez de reconnaître que *cette égalité abfolue n'eft qu'une chimère*. Dans le premier délire de votre propagandifme, vous aviez prononcé *Que votre Révolution fe ferait dans Genève*, ou qu'elle ferait condamnée à *rétrograder* (3) ; s'il eft vrai que vous vous glorifiez aujourd'hui d'avoir fait *rétrograder* cette dernière, annoncez-le donc aux Genevois. Vous les aviez entraînés dans l'abîme par votre Décret du 19 Novembre, dont vous fîtes fur eux le premier effai qui effraya toute l'Europe à fi jufte titre; révoquez ce Décret incendiaire, qui ne l'eft point encore, ce Décret, fans la révocation duquel l'Europe ne pofera point les armes, & que quelques-uns des vôtres ramènent toujours fous mille formes à vos applaudiffemens. (4) Au lieu de permettre à ces infenfés d'en menacer de nouveau *les rives de la Tamife*, (5) reportez leurs regards fur les crimes

---

(2) Voyez le Rapport du Comité Diplomatique fait à la Convention Françaife, le 2 Novembre, 1792.

(3) Idem.

(4) Voyez la *Déclaration du Droit des Gens* propofée par Grégoire, le 26 Avril dernier, & dont l'Art. 8 porte qu'il *n'y a de Gouvernement conforme au droit des gens, que ceux qui font fondés fur l'égalité & la liberté.*

(5) Voyez la réponfe du Préfident Louvet aux Ambaffadeurs Bataves, le 22 Juin 1795.

dont ce funefte Décret a inondé les bords du Lac de Genève. Les opprimés vous y dénoncent comme les artifans de tous leurs maux, les oppreffeurs eux-mêmes vous y imputent tous leurs excès. Un feul mot eût fuffi pour les faire ceffer, ou les réparer; & quand vous avez pris la parole, ce n'a été que pour y applaudir !...

. Vous parlez de *régénérer* la France; vous vous entretenez fans ceffe des foins réparateurs que follicitent les plaies que vous lui avez laiffé faire ! (6) mais n'eft-ce pas auffi un devoir que de fermer celles que la France a faites à fes voifins ? Ah! fi vous cherchez à raffurer fur votre compte les nations étrangères; s'il eft vrai que vous defiriez fincèrement vous réconcilier avec les amis de la Liberté, hâtez-vous de décréter la réfurrection de Genève; hâtez-vous de lui rendre les loix que vous lui avez ravies, & dont elle ne fe montra jamais plus digne qu'à l'époque où vous la forçâtes à en faire le douloureux facrifice. (7) Rendez-la à elle-même, pour

---

(6) *Qui réparera les ravages que nous avons exercés nous-mêmes à Nantes & à Lyon ?* Difcours de Boiffy d'Anglas, prononcé le 7 Nivofe.

(7) Je ne faurais me réfoudre à laiffer dans le filence un trait bien honorable pour Genève, & qui (pour me fervir du jargon du parti Girondin) prouve combien le caractère des Genevois s'était *élevé à la hauteur de la liberté,* à l'époque où Briffot les fit condamner à la perdre. Lorfque la milice Genevoife s'affembla le 10 Octobre 1792, non-feulement pour témoigner fon entière approbation à fes Magiftrats, fi violemment menacés par la France, mais pour prendre l'engagement de périr avec eux, fes officiers invitèrent à fortir des rangs tout individu qui ne defirerait point contracter

qu'elle puisse venger les attentats des monstres que vous avez vomis sur elle ; déclarez-lui que vous cessez de les protéger ; garantissez-lui que vous détournerez à jamais de dessus elle vos regards désorga nisateurs.

---

cet engagement solemnel. Ils eurent soin de promettre qu'*au-cune injure, aucune provocation ne troublerait ceux qui s'y refuse-raient* ; & ils insistèrent à plusieurs reprises sur ce que *chacun, instruit de l'état des choses, devait en juger selon ses lumières.* Trois ou quatre individus seulement se séparèrent de leurs compatriotes ; & au milieu de l'enthousiasme national, & de l'exaltation patriotique (qui, dans cette aggression ouverte de la France, réunit contre elle tous les Genevois) ces déserteurs de la cause commune ne reçurent aucune espèce d'insulte de leurs frères d'armes ; ils continuèrent même à vivre en sécurité au sein d'un peuple qui se contenta de les punir par le contraste de son dévouement.

Ce trait de tolérance politique, & d'un caractère froid, au milieu du danger, me semble mériter une place dans les annales des peuples libres. Cependant, loin de commander le respect de la Convention Française, ou même de la désarmer, ce trait ne fit que redoubler l'acharnement de Brissot & du parti Girondin, envers les défenseurs de Genève, dont l'union & le patriotisme calme & réfléchi présentaient sans doute un contraste trop blessant pour la République Française. Le Tableau historique que je présente ici, est destiné à développer la longue chaîne d'intrigues & de perfidies auxquelles elle s'est vue obligée d'avoir recours pour réussir à désunir les Genevois, à défigurer leurs principes moraux & politiques, à dénaturer leur caractère national, & à leur faire porter une main sacrilége sur ces mêmes Magistrats autour desquels ils venaient de se rallier pour les défendre & mourir avec eux.

MONSIEUR,

VOUS avez pris un intérêt trop vif & trop éclairé à l'Hiftoire de Genève, à fes longues & pénibles luttes pour la conquête & la défenfe de fa liberté, & aux miracles que celle-ci y avait opérés, pour que je ne vous doive pas le récit de fes derniers foupirs. Ce récit ne fera ni fans intérêt, ni fans utilité, peut-être, pour vos fages compatriotes. Puiffent-ils le méditer avec attention ; & par l'exemple défaftreux de l'Etat le plus démocratique, & en même temps l'un des plus profpères qui exiftaient fur ce continent, puiffent-ils apprendre combien eft rapide, & dangereux à franchir, le faible intervalle qui fépare la liberté de fes abus, & par cela même, de fes revers & de fa ruine !

Vous favez, Monfieur, qu'après de longues diffentions, le parti conftitutionnel fuccomba enfin à Génève, en 1782, par la toute-puiffance du Comte de Vergennes. Vous favez que ce Miniftre Français mit infiniment plus de fuite & plus de travail à abattre la Démocratie dans Genève, qu'il n'en mettait, à la même époque, à la faire triompher en

B

Amériquē. Vous favez enfin que, toutes fes intrigues intérieures ayant échoué, il fit marcher contre
nous des bataillons Français, dont quelques-uns
avaient combattu fous les drapeaux Américains ; que
fes foldats entrèrent dans notre ville ; qu'ils en exi-
lèrent les principaux défenfeurs de notre Conftitution
fondamentale, & qu'ils établirent fur fes ruines, non
point précifément une Ariftocratie héréditaire, mais
un Gouvernement armé de forces étrangères, fuffifantes pour affurer fon règne contre le vœu bien
connu de la majorité des Genevois.

Un Gouvernement pareil ne pouvait fans doute
avoir de durée que celle du Miniftre Français qui
l'avait impofé. Auffi, à peine le Comte de Vergennes eut-il expiré, que les Magiftrats même, dont
il avait cru fervir les paffions, s'empreffèrent de renverfer fon ouvrage. Au milieu de l'allégreffe la plus
vive & la plus univerfelle, notre Conftitution fut
rétablie fur toutes fes bafes républicaines ; fes défenfeurs furent rappelés & réintégrés ; & par un accord
prefqu'unanime, tous les incidens du long procès
politique qui s'était élevé entre le Peuple & les Corps
Adminiftratifs, furent définitivement jugés en faveur
du premier.

Cette heureufe réfurrection de la Liberté, commencée en 1789, & confolidée en 1791, (1) préfente,

---

(1) Tous les pouvoirs adminiftratifs réfidaient dans deux Corps ;
l'un, le *Petit Confeil*, compofé de 28 membres, qui, une fois élus,
l'étaient à vie ; & le *Grand Confeil*, compofé de 250 membres, qui,

par

fous plufieurs rapports, une des époques les plus brill-
lantes de notre hiftoire. Les cœurs étaient réconci-
liés, & tous les principes fe trouvaient à l'uniffon ;
le commerce, les manufactures floriffaient ; & notre
Académie, cette veine nourricière de nos profpérités paffées & préfentes, avait pris & donné, vers
les arts & vers les fciences, un effor qui faifait oublier
la petiteffe de Genève ; & qui, fous ce rapport,
l'avait placée de pair avec de grands Etats. Tels

---

par la loi de 1791, n'étaient élus que pour fept ans, & fortaient par
rotation. Le pouvoir judiciaire était confié au Petit Confeil, fous
la direction de quatre préfidens annuels, foit *Syndics* ; mais la plupart de fes fentences étaient foumifes à la revifion fuprême du Grand
Confeil. Enfin, l'exercice du pouvoir fouverain était depuis la
fondation de la République réfervé à l'Affemblée Générale du
Peuple, compofée de tous les habitans majeurs & folvables, qui
avaient hérité par droit de naiffance, ou acquis à prix d'argent,
le droit d'y affifter, & le titre de *citoyens* ou *bourgeois*. Les de-
fcendans des étrangers qui n'avaient pas acquis ce droit, par eux
ou par leurs aïeux, étaient appelés *natifs* : mais le nombre des
citoyens était fi fupérieur à celui des *natifs*, que près des trois
quarts des Genevois folvables prenaient féance dans l'Affemblée
du Peuple.

Ainfi compofé, ce *Confeil Souverain* poffédait le pouvoir légiflatif, éifait tous les Magiftrats, & tous les membres des deux
Confeils adminiftratifs : il faifait la paix, déclarait la guerre, &
concluait, ou plutôt ratifiait, les alliances avec les Puiffances
étrangères : enfin, il confentait & fanctionnait tous nouveaux
impôts. Mais en fe réfervant des prérogatives ainfi importantes,
il s'était aftreint lui-même à ne les exercer que fous des reftrictions
qui tempéraient infiniment cette démocratie ; car les loix fondamentales avaient ftatué que l'Affemblée du Peuple ne pouvait être

légale-

en avaient été les fruits, que, depuis le commencement du fiècle, notre population avait doublé, les
fortunes avaient décuplé ainfi que les lumières, & les
étrangers ne fe laffaient point de venir admirer les
merveilles de la liberté & de l'éducation publique,
dans une petite peuplade de trente mille ames, qui
venait de produire tout à la fois, dans les arts, dans
les lettres, & dans les fciences, un auffi grand nombre
d'hommes diftingués, qu'aucun des trois royaumes du
nord de l'Europe.

A peine pouvons-nous faifir le fouvenir de cette
époque de réunion, de paix & de profpérité, tant

---

légalement convoquée que par les Syndics, Petit & Grand Confeils;
que rien ne pouvait y être propofé que par eux ; que ceux-ci ne
pouvaient lui foumettre aucune propofition, à moins qu'elle n'eût
été féparément difcutée dans les Petit & Grand Confeils, & adoptée
par leur concours; qu'enfin l'Affemblée du Peuple ne pouvait
qu'accorder ou refufer fa fanction à de pareilles propofitions, & cela
fans débats quelconques, & par conféquent fans modifications.

Telle avait été, telle était encore la conftitution de Genève, au
moment où la France lui livra le nouvel affaut dont je vais tracer le
tableau. C'étaient les fages reftrictions que cette démocratie s'était
impofée à elle-même qui l'avaient faite envifager par *Rouffeau*,
comme la meilleure combinaifon politique que *put comporter la
nature des chofes humaines*. Cependant les mêmes Français qui
ont déifié la mémoire de cet écrivain, fe font empreffés de détruire
en même temps, à force ouverte, cette même conftitution de Genève qu'il leur avait préfentée comme *dictée par la plus fublime
raifon*. Ah! s'il vivait encore, quels déchiremens n'éprouverait-
il pas, en voyant qu'il ne l'avait fignalée à ces fectateurs, que
pour la voir dévouée par eux à être le premier de leurs facrifices
fur les autels fanglans du nouveau fyftême, dont ils ofent l'appeler l'auteur !

elle a été courte ; puisqu'à peine notre liberté fe fut-elle relevée du coup de vent defpotique qui l'avait abattue pendant quelques années, qu'un nouvel ouragan deftructeur, foufflant du même quartier, mais prenant, cette fois, le nom même de la liberté qu'il venait renverfer, a déraciné à jamais avec elle toute moralité, toute religion, & toutes les vertus qui lui avaient fervi de fauvegarde.

En effet, dès que la France eut réfolu, en 1792, d'attaquer le Roi de Sardaigne, des avis certains nous vinrent de Paris, que le Général *Montefquiou*, chargé de cette expédition, recevrait des ordres fecrets contre Genève. Ces ordres étaient dictés par le parti Briffotin, qui, comme on le fait, avait formé le projet d'environner la République Françaife d'une ceinture de Républiques, gouvernées exactement fur les principes de cette dernière. La Savoie elle-même entrait alors dans ce vafte plan. Genève était défignée pour en devenir la capitale ; & cette nouvelle efpèce de faveur devait lui coûter le facrifice de fa Conftitution.

Informés des dangers que nous courions, les Suiffes, nos fidèles & anciens confédérés, fe tinrent prêts à les partager ; & il n'y avait pas de temps à perdre, car, dès le lendemain du jour où le Général *Montefquiou* eut pénétré en Savoie, il s'avança contre Genève. Ses ordres précis, dont les originaux ont été publiés depuis, portaient que *cette place* étant néceffaire *pour affurer la poffeffion de la Savoie,* il devait y entrer, *de gré ou de force,* pour y prendre *vingt mille bons fufils, dont la France avait befoin.* (1)

Mais les braves Helvétiens avaient eu le temps de fe jeter dans nos murs avant que l'armée Françaife eut achevé de les environner. Ceux de nos Députés qui allèrent demander, le 5 Octobre, à fon Général la raifon de cet appareil menaçant, reçurent pour ré-

---

(1) Cette lettre du Miniftre de la Guerre, en date du 3 Octobre 1792, fe terminait par ces mots : *Si on vous repréfente que ces armes font néceffaires pour la défenfe de la ville, vous les raffurerez en leur laiffant 4 à 5000 hommes armés, fuivant votre prudence. Vous ferez ainfi de Genève le boulevard de la France.*

Dans une lettre précédente, en date du 29 Septembre, ce même Miniftre, en ordonnant au Genéral Montefquiou de *faire marcher contre cette ville les forces fuffifantes,* lui avait cependant annoncé un but tout différent. C'était, difait-il, *afin d'y affurer un libre pouvoir aux amis de la liberté, qui font en grand nombre, & d'y établir un gouvernement felon leurs vœux.*

Le Confeil Exécutif avait encore annoncé un but abfolument différent à la Convention le 3 Octobre. Le rapport que lui firent les Miniftres, portait entr'autres, *Que le Confeil Exécutif, confidérant que la réfolution d'appeler des troupes de l'Etat de Berne, dont la malveillance eft décidée à notre égard, ne pouvant être regardée que comme une injure faite à la France, & comme l'effet d'un concert fubfiftant entre la Magiftrature de Genève & les Puiffances coalifées, a ordonné au Général Montefquiou de faire marcher contre la ville de Genève un corps de troupes fuffifant pour s'oppofer à l'introduction de troupes étrangères fur fon territoire, & pour les en expulfer fi elles étaient déjà entrées.* Ce rapport, le premier de tous, fe terminait en annonçant, *Qu'on exigerait la punition des Magiftrats pervers & traîtres à leur patrie, qui, par leurs manœuvres, avaient provoqué la réquifition faite aux Etats de Berne & de Zurich.*

ponfe : " Que le Gouvernement Genevois avait infulté
la République Françaife, en invoquant les Suiffes
pour repouffer une attaque qu'elle n'avait jamais eu
en vue, & que cet appel feul avait provoquée ; que
les Magiftrats de Genève étaient (fans s'en douter
peut-être) en coalition réelle avec les ennemis de la
France, qui les accufait de malveillance ouverte ou
cachée."

Nos Députés répliquèrent que la défiance était
l'unique fauve-garde du faible contre le fort. Ils
exhibèrent la lettre même d'un Miniftre Français, qui,
plufieurs jours avant l'appel du fecours Suiffe, & loin
de foupçonner que les Genevois fongeaffent à repouffer
une attaque, avait cru, en la leur annonçant, les préparer d'avance à la foumiffion. Ils juftifièrent d'ailleurs l'appel des troupes Helvétiques, en prouvant
que jamais notre petite République n'avait négligé
cette mefure de fimple précaution, dès que la Savoie
était devenue le théâtre de la guerre ; que nous y
étions engagés par des traités garantis par la France
elle-même ; & que Louis XIV, vis-à-vis duquel nous
y avions toujours eu recours, n'en avait jamais pris
ombrage. En preuve de la parfaite innocence de nos
intentions envers la France, nos Magiftrats lui rap-
pelèrent, 1°, Que nous étions jufqu'alors le premier
& le feul Etat indépendant qui eut formellement
reconnu la nouvelle République ; 2°, Que dès la
première année de fa Révolution, nous avions géné-
reufement ouvert nos greniers à bled en faveur d'un
de fes diftricts, expofé ainfi que nous à la famine ;

3°, Qu'aux preffantes réquifitions de ce même diftrict, menacé d'une efpèce de contre-révolution, nous avions confenti à lui prêter des armes, qu'il ne nous avait point encore reftituées fuivant fes promeffes, & qu'on fe préparait au contraire à tourner contre nous.

La juftice évidente de notre caufe ne nous aurait cependant point fauvés, fans l'influence de l'homme honnête auprès duquel nous la plaidâmes. En l'appuyant auprès de fes commettans, M. *de Montefquiou* infifta avec tant de force fur le danger extrême, gratuit & inévitable, d'avoir toute la Suiffe à combattre, avant de terminer cette querelle deshonorante d'un géant contre un nain, que fes ordres d'ouvrir la tranchée furent révoqués. Mais en l'autorifant à ouvrir une négociation; *s'il eft poffible qu'elle foit fuivie*, lui écrivit expreffément le Miniftre de la Guerre, *il faut toujours qu'elle fe termine comme fi vous vous rendiez maître de la place, c'eft-à-dire en y mettant une garnifon Françaife.* M. de Montefquiou n'héfita pas à faire de nouvelles remontrances, & obtint enfin des pleins pouvoirs pour négocier pacifiquement. Il en réfulta un traité également honorable & fage, où il fut ftipulé, que des mefentendus réciproques ayant été heureufement diffipés par des explications amiables, la République Françaife promettait d'éloigner fon armée de plufieurs lieues, en confidération de ce que les Genevois s'engageaient à renvoyer leur garnifon Suiffe.

Nous nous étions empreffés d'exécuter ce traité, en commençant à renvoyer les Suiffes, lorfque nous apprîmes

apprîmes que le Miniftre Français refufait de le ratifier, à moins de nouvelles claufes, pour lefquelles il envoya M. Genet à Genève. (1) Quelle ne fut pas notre furprife, lorfque, après y avoir encore adhéré, nous apprîmes que ce fecond traité (2) que le Miniftre *Le Brun* repréfenta comme ne fourniffant plus matière à une nouvelle controverfe, & qu'il preffait la Convention de ratifier, venait enfin, après bien des

---

(1) Le même qui a été depuis en Amérique, & qui, s'il y eft encore, rendra fans doute hommage à la vérité de cet expofé.

(2) Ce fecond traité mérite de trouver place ici, foit parce qu'il préfente un précis hiftorique des événemens qu'on vient de tracer, foit pour mettre le lecteur à portée d'apprécier ce que la Convention appela une *capitulation ignominieufe.*

" Le Confeil Souverain de la République de Genève ayant, au
" moment de l'entrée des troupes Françaifes en Savoie, autorifé
" les Syndics & Confeil à requérir des Louables Cantons de Zurich
" & de Berne, d'envoyer à Genève un fecours de 1,600 hommes
" pour préferver cette ville de toute entreprife des Puiffances
" Belligérantes, ces troupes y furent introduites le 30 Septem-
" bre.

" L'événement de la guerre ayant amené la difperfion des troupes
" Sardes, & l'évacuation entière de la Savoie ; le Gouvernement
" Français envifagea la demande d'un tel fecours, au moment où
" l'armée Françaife feule environnait Genève, comme l'effet d'une
" méfiance injurieufe. Le Réfident de France fit, fur cette de-
" mande, les obfervations que fes inftructions lui dictaient, requit
" expreffément la fortie du fecours Suiffe, & renouvela au furplus
" l'engagement de maintenir la liberté entière & l'indépendance
" de l'Etat & de la ville de Genève, conformément à tous les
" Traités, & d'après les principes folemnellement proclamés par la
" Nation Françaife, de renoncer à toute conquête, & de refpecter
" les droits de tous les peuples. Les Syndics & Confeil de Genève
" retenus par leurs premières alarmes, & jugeant que la fûreté de

C

délais affectés, d'être attaqué dans cette Assemblée par *Briffot* le 21 Novembre, au nom du Comité
Diplomatique ; qui appelait *une capitulation igno-
minieuse faite par l'armée Francaise, & due à l'influence de l'Ariftocratie Genevoife fur le Général Montefquiou.* Briffot prétendit, que des ftipulations ou

———————

" la République de Genève fe trouvait compromife, refusèrent
" leur acquiefcement. Sur ce refus, le Réfident de France reçut
" l'ordre de protefter contre l'introduction des troupes appelées
" dans Genève, & de fe retirer de cette ville. Alors ces liens
" d'amitié qui uniffaient depuis fi long-tems Genève à la France,
" furent un moment relâchés, & auraient peut-être été rompus, fi
" des communications franches & amicales n'euffent prévenu des
" mefures hoftiles.

" Le Confeil Exécutif Provifoire de France, en chargeant le
" Citoyen François Anne-Pierre Montefquiou-Fezenfac, Général
" de l'armée des Alpes, de foutenir contre toute atteinte la dignité
" de la République Françaife, lui a donné en même temps des
" pleins pouvoirs pour terminer à l'amiable les différens qui s'étaient
" élevés. Les Syndics & Confeil de Genève, empreffés de donner
" à la France des marques non équivoques de l'attachement de
" leur République, & du défir qu'ont les Genevois de maintenir
" la bonne harmonie, qui a, fi heureufement pour leur patrie, fub-
" fifté entre les deux Etats, ont également invefti de leurs pleins
" pouvoirs, leurs féaux & bien-aimés frères, Jacob François Pre-
" voft, Confeiller d'Etat, Ami Lullin, ancien Confeiller d'Etat,
" Membre du Grand Confeil, & François d'Ivernois, Confeiller
" du Grand Confeil.

" Les fufdits Plénipotentiaires réunis au quartier-général de
" Landecy : le Plénipotentiaire de la République Françaife a dé-
" claré——Que la France, incapable de redouter fes ennemis, l'était
" également d'abufer de la victoire. Que venant de rendre à lui-
" même un peuple conquis, à l'inftant même de la conquête, elle
" ne pouvait être raifonnablement foupçonnée de vouloir porter

" atteinte

des traités, n'ouvraient que des débats. " En effet,"
dit-il, " ou Genève a confiance dans votre loyauté, ou
" elle ne l'a pas : fi elle l'a, elle doit croire à votre en-
" gagement folemnel de refpecter fon indépendance ;
" fi elle ne l'a pas, des expreffions vagues & indéfi-

" atteinte à la liberté d'un peuple ami. Que les calculs de la
" puiffance contre la faibleffe, cette doctrine infolente des Defpotes,
" feraient toujours étrangers à une nation qui a fondé fes propres
" droits fur les droits imprefcriptibles de l'homme. Que lorfqu'au
" prix du fang de fes concitoyens, la République Françaife repouffe
" toute intervention étrangère, elle croit s'honorer en déclarant
" qu'elle ne prétend introduire aucunes troupes ni dans la ville de
" Genève, ni fur fon territoire; qu'elle n'entend exercer aucune
" autorité fur cette République, aucune efpèce d'influence fur fon
" Gouvernement. Que fi, dans les circonftances actuelles, la
" France demande aux Syndics & Confeil de fe contenter des
" forces armées de la République pour remplir le devoir de la
" défendre, & d'y faire obferver & refpecter les loix qui la ré-
" giffent ; c'eft qu'elle regarde cette mefure comme un garant
" affuré de la liberté de Genève, & comme un moyen de rendre
" inviolable la neutralité que cette ville a profeffée, & que, pour
" fon propre intérêt, elle doit religieufement obferver. Qu'enfin,
" les intentions de la France, fi fouvent & fi hautement prononcées,
" ne peuvent être fufpectes à un peuple libre ; & qu'il ne ferait
" permis de les calomnier qu'aux fauteurs du defpotifme & de la
" tyrannie.

" Les Plénipotentiaires des Syndics & Confeil de Genève, après
" avoir déclaré de leur part, qu'ayant l'honneur d'être les Magif-
" trats d'un peuple libre, ils ne reconnaiffent & ne reconnaîtront
" jamais d'autres Juges de leur conduite que l'Être Suprême &
" leurs Concitoyens, ont ajouté, que le Gouvernement de Genève,
" lié par fa profonde reconnoiffance envers la France, & par fes
" devoirs envers fa patrie, a travaillé conftamment à conferver les

" relations

" nies ne peuvent être des garans de fa tranquillité."
Briſſot alla plus loin ; il ne promit la paix à Genève
que *lorſqu'elle aurait naturaliſé l'égalité politique dans*
dans ſes murs. Il déclara qu'elle *n'obtiendrait point*

" relations honorables & utiles, qui uniſſaient les Genevois avec
" la Nation Françaiſe ; que loin d'avoir eu, ou ſeulement conçu, des
" idées hoſtiles, il a été, ſans relâche, occupé des moyens de con-
" ſerver la paix ; que s'il a deſiré & obtenu que Genève fût com-
" priſe dans la neutralité du Corps Helvétique, c'eſt qu'il ſavait
" combien cette neutralité était loyale & franche, & qu'il l'en-
" viſageait comme un gage aſſuré de la paix ; que ſi, dans des jours
" d'alarmes, il a réclamé, à l'exemple de ſes prédéceſſeurs,
" le ſecours de ſes généreux Alliés, qu'il ſavait pacifiques
" & neutres, c'eſt qu'il a vu dans ce ſecours un moyen de
" conſerver la paix, & avec elle la ſûreté & la liberté de la
" République ; mais qu'aujourd'hui pleinement tranquilliſé par
" l'aſſurance des ſentimens généreux de la République Françaiſe,
" ſi noblement exprimés par ſon Plénipotentiaire, il s'abandonne à
" la confiance que lui inſpirent des déclarations auſſi formelles ; &
" voulant écarter juſqu'à l'apparence d'un doute que la France
" enviſageait comme injurieux, il s'empreſſe d'adhérer à ſes déſirs,
" en remerciant ſes chers & fidèles Alliés d'un ſecours, qu'il ne
" juge plus néceſſaire dans les circonſtances actuelles.
" Et pour que l'effet de ces déclarations reſpectives ne ſoit pas
" équivoque, les Articles ſuivans ont été arrêtés.
Art. I. " Tous les corps de troupes Suiſſes, qui ſont actuelle-
" ment à Genève, ſe retireront ſucceſſivement en Suiſſe, & la
" dite retraite ſera conſommée d'ici au premier Décembre pro-
" chain.
II. " D'ici à la même époque, la groſſe artillerie & les troupes
" Françaiſes qui environnent Genève; & qui s'en étaient ap-
" prochées en raiſon des différens terminés par la préſente conven-
" tion, ſeront retirées & placées de manière qu'elles ne puiſſent
" donner aucun motif d'alarme à Genève.

III. " Dès

d'autre traité que la communication des principes Fran-
çais.. " Telle eft," ajouta-t-il, " la Révolution à
" laquelle nous ofons, nous devons même inviter les
" Magiftrats de Genève. Sans doute la France fera
" toujours fidèle à fon *principe* de ne jamais s'im-
" mifcer dans le gouvernement intérieur des pays
" étrangers ; mais elle fera auffi fidèle à fon *ferment*
" d'être la Protectrice de tous les *peuples opprimés,*
" & de les éclairer fur leurs droits. LA RÉVOLUTION

III. " Dès la date de la préfente convention, la libre communi-
" cation entre les habitans de la Savoie & les deux Républiques,
" & l'entière liberté du tranfit de Genève en Suiffe & de Suiffe à
" Genève, feront rétablies fur le même pied qu'en temps de paix,
" conformément aux Traités & à l'ufage.

IV. " La République de Genève fe réferve expreffément &
" folemnellement tous les traités antérieurs avec fes voifins, & fpé-
" cialement celui de 1584 avec les louables Cantons de Zurich &
" de Berne, ainfi que l'article V. du Traité de neutralité de 1782 :
" n'entendant la République Françaife que ladite réferve puiffe la
" lier aux Traités dans lefquels elle n'eft pas intervenue, ni pré-
" judicier en rien à la faculté qu'elle s'eft réfervée de revoir fes
" propres Traités, qu'elle exécute provifoirement jufqu'à l'époque
" de cette révifion.

V. " La préfente Convention fera ratifiée par la République
" Françaife & par la République de Genève, & les lettres de rati-
" fication en feront échangées de part & d'autre dans le terme de
" 12 jours, ou plus tôt fi faire fe peut.

" Fait en double original, & convenu entre nous, au Quartier-
" général de Landecy, le 2 Novembre, 1792, l'an 1er de la Ré-
" publique Françaife.

Signés Le Général de l'Armée des Alpes, MONTESQUIOU ; J. F.
PRÉVOST, *Confeiller d'Etat ;* AMI LULLIN, *ancien Confeiller
d'Etat, Membre du Grand Confeil ;* FRANÇOIS D'IVERNOIS,
Membre du Grand Confeil.

" SE FERA A GENEVE, OU LA VÔTRE DOIT RÉTRO-
" GRADER. (1)

---

(1) Il eſt à obſerver que Briſſot, après avoir cherché, dans ce rapport, à nous faire un crime de nous être fait comprendre dans la Neutralité Helvétique, *qui n'eſt,* dit-il, *qu'une acceſſion mal déguiſée à la Coalition Couronnée,* nous fit un crime non moins grave d'une lettre de My Lord Fitzgerald, Miniſtre de Sa Majeſté Britannique auprès du Corps Helvétique.

Cette lettre, écrite de Berne le 11 Octobre 1792 aux Syndics & Conſeil de Genève, était tellement meſurée qu'elle ſe bornait à leur annoncer " *Que Sa Majeſté, à l'exemple de ſes glorieux prédéceſſeurs, ſe montrerait toujours l'ami zélé de leur République, & qu'elle prenait à cœur le maintien de ſa paix, de ſa liberté, & de ſa ſouveraineté, ſi intimément liées à la tranquillité de toute la Suiſſe. Je ne doute point,* ajoutait-il, *que Sa Majeſté n'approuve les meſures que vous avez priſes ſuivant vos anciennes coutumes & vos traités, puiſqu'elles tendent à vous maintenir dans la Neutralité Helvétique, neutralité dont je n'ai pas beſoin de vous recommander la plus ſtricte obſervation.*"

Voici comment Briſſot s'expliqua ſur cette démarche dans ſon rapport : " Les Ariſtocrates Genevois ont recours à d'autres ruſes ;
" ils cherchent à ſoulever le Cabinet Britannique, & ils parviennent
" par leurs intrigues à ſe faire expédier un Miniſtre Plénipotentiaire,
" qui vient les aſſurer que la Couronne d'Angleterre prend part à
" leur ſituation, & approuve leurs meſures. Sans doute le peuple
" Anglais s'indignera un jour d'apprendre qu'on a voulu faire
" ſervir ſon influence à protéger l'ariſtocratie de quelques in-
" trigans, & à écraſer des hommes libres : ſans doute il deman-
" dera compte de cette proſtitution de ſon nom : mais quoi qu'il
" arrive, la République Françaiſe ne rétrogradera point. L'inter-
" vention d'un Roi n'a rien d'effrayant pour elle, & la Comédie
" nouvelle qu'on veut jouer à Genève ne peut retarder ſa juſtice."

Ce trait ne fut pas le moins applaudi du fameux diſcours. Tel était le langage de la Convention; telles étaient ſes menaces ouvertes contre la Couronne Britannique deux mois avant que celle-ci eut jugé convenable de renvoyer de Londres M. Chauvelin.

« *Vous avez donc à examiner,*" continua-t-il, "*fi*
« *un Peuple libre peut & doit fe lier par des traités ;*
« s'ils ne font pas *inutiles* avec les Républiques, s'ils
« ne font pas indécens avec tout gouvernement qui
« ne tient pas fes pouvoirs du Peuple ; *car c'eft peut-*
« *être là qu'eft le fecret de votre révolution, & de celles*
« *qui fe préparent.*"

Cette étrange doctrine fut couverte de tels applaudiffemens, que Briffot fit aifément paffer la Convention à *l'ordre du jour* fur le traité figné par fon Plénipotentiaire, & déjà ratifié par nous. Elle fe
contenta d'y fuppléer par un fimple décret qui requé-
rait, *que l'évacuation des troupes Suiffes fût confommée le*
1 *Décembre fuivant, moyennant laquelle évacuation, les*
troupes Françaifes refpecteraient la neutralité & l'indé-
pendance du territoire Genevois, & l'évacueraient fi elles
l'avaient occupé.

Il faut obferver qu'afin de colorer cette violation de
toutes les loix des Nations, & d'y préparer la Convention, le parti Briffotin avait eu foin de lui arracher quelques jours auparavant un décret d'arreftation contre le Général & Plénipotentiaire Montefquiou. (1)

_____

(1) Un pareil décret devait être la récompenfe inévitable des
efforts généreux & répétés que n'avait ceffé de faire ce Général,
pour convaincre les Chefs de la Convention du déshonneur dont ils
allaient couvrir leur patrie, & dont M. Montefquiou refufait d'être
l'inftrument. Il mit tout en ufage pour le prévenir. Il s'adreffa
d'abord à *Garat*, Miniftre de la Juftice, qu'il jugeait plus honnête
que fes collègues : *Oppofez-vous à l'infamie de marcher fur les*
pas des defpotes. J'invoque ici votre ame républicaine & pure : ne

Elle ne rifquait plus rien, en effet, à exiger fi impérieufement que nous renvoyaffions notre fecours

---

repouffez pas le cri d'indignation d'un honnête homme : foyez fort de
toute la force de votre vertu, & la France ne fera pas déshonorée par
l'exécrable abus de la puiffance.

Non content de cette tentative, M. Montefquiou adreffa au même
Miniftre de la Juftice une lettre plus forte encore & plus étendue
pour le Député *Vergniaux*, l'un des Membres les plus influens de
la Convention. " *Je joue ici un rôle aviliffant pour la nation &*
" *pour moi,*" écrivait-il à ce dernier : " Chargé d'entamer une né-
" gociation avec les Genevois, & de rédiger la tranfaction, j'avais
" cru que le premier acte diplomatique de la République Fran-
" çaife, vis-à-vis de la plus petite République du monde, devait
" porter le cachet de la véritable grandeur, celui de la modération
" & de la juftice. Je m'attachai à écarter toute idée de difpropor-
" tion dans la taille & dans la force des deux parties contrac-
" tantes ; & j'élevai, pour ainfi dire, Genève fur un piédeftal
" pour placer prefque fur une même ligne deux Peuples libres qui
" avaient des affaires à arranger enfemble. L'accord fut conclu,
" figné & envoyé. Ma furprife fut grande, lorfque j'appris que des
" idées, non pas de grandeur, mais de gloriole, avaient amené
" des critiques fur quelques articles du traité. J'eus ordre de pro-
" pofer des changemens. On y confentit ; j'avais gagné la con-
" fiance. Cependant une nouvelle lettre du Miniftre de la Guerre,
" que je reçus hier, me recommande encore les plus grands pré-
" paratifs. Je les fais ces préparatifs, pour qu'on n'ajoute pas de
" nouveaux griefs aux calomnies que déjà l'on fait circuler fur moi.
" Mais vous qui avez des talens & des vertus, fouffrirez-vous que
" le berceau d'une République qui fixe les yeux de l'univers, foit
" fouillé de tous les vices qui infectaient les Cours ? Souffrirez-
" vous cette repréfentation fcandaleufe de la fable du Loup & de
" l'Agneau ? Serons-nous plus honorés, plus puiffans, quand nous
" aurons écrafé le plus faible de nos voifins, commis une grande
" injuftice, & allumé une nouvelle guerre ? Si je peux empêcher
" le déshonneur de mon pays, en éveillant le zèle d'un homme de
" bien

Suiffe fans conditions ; car nous étions d'autant moins
en mefure d'en demander & d'en obtenir, que fur la foi
des deux traités folemnels conclus, fignés, & auxquels
les Confeils Helvétiques nous avaient preffés d'adhérer,
ces fidèles alliés avaient rappelé par degrés la plupart
de leurs troupes. Genève n'était déjà plus en état
de défenfe ; & notre obéiffance à cette loi de la
Convention étant forcée par le fait, il femblait que
nous n'avions du moins plus de dangers à craindre
d'elle.

Mais M. de *Montefquiou*, qui eut le bonheur d'é-
chapper aux poignards qui l'attendaient à Paris, nous
découvrit un danger non moins grand que le précé-

" bien, j'aurais fait une bonne action, & vous celle d'un vrai Fran-
" çais. Je meurs de honte, en me voyant l'inftrument d'une per-
" fidie que la plupart de ceux qui compofent le Confeil ne fouffri-
" raient pas, fi la vérité leur était connue. Je la dépofe en vos
" mains, cette vérité, & je fais que je la remets en des mains
" dignes d'elle."

Deux jours après avoir écrit ces deux lettres, Montefquiou fut
dénoncé à la Convention, qui l'accufa, entr'autres, *d'avoir enchaîné
devant Genève la valeur de fes foldats, d'avoir terni la gloire du nom
Français, en faifant avec quelques Ariftocrates Genevois, une capitulation qu'une poignée de Français avait refufée à Brunfwick & à fes
nombreufes cohortes.*

Aucune voix ne s'éleva pour le défendre, aucun ami n'ofa
l'informer du danger qui le menaçait. Heureufement l'indif-
crétion de l'officier chargé du décret de fon arreftation, fournit aux Genevois l'occafion de reconnaître autant qu'il était en
eux les fervices que leur avait rendu cet homme vertueux ; & il
eut le bonheur d'échapper à fes bourreaux, en paffant par Genève
le 4 Novembre. Voyez le *Mémoire juftificatif pour le Citoyen Français, A. P. Montefquiou, Général de l'Armée des Alpes, au Préfident
de la Convention, Novembre* 1792.

dent. " La Convention, nous dit-il, veut opérer chez vous à tout prix une Révolution politique calculée sur les principes de la sienne. Il ne vous reste qu'à vous y modeler de vous-mêmes, ou à attendre de sa part, soit une nouvelle guerre ouverte, soit des menées intérieures sous lesquelles vous succomberez également."

Rien ne paraissait plus difficile que d'imaginer en quoi nous pouvions nous démocratiser davantage, pour complaire à la France ; puisque chez nous l'assemblée des citoyens exerçait collectivement elle-même tous les pouvoirs souverains que les Français par leur nombre avaient été appelés à confier à leurs représentans en Convention.

Malheureusement pour nous, le parti qui venait de triompher dans cette Convention, était celui-là même qui avait réussi à y faire effacer la distinction de citoyens *actifs* & *non-actifs*, & par conséquent la loi qui n'admettait aux pouvoirs politiques & militaires que ceux des individus qui avaient quelques propriétés à défendre : principe si sage, si nécessaire à l'ordre social ; & qui, s'il avait pu être maintenu par les propriétaires Français, aurait sans doute prévenu une grande partie des spoliations auxquelles ils ont été en butte. Les Brissotins, qui retrouvaient dans notre Constitution cette barrière qu'ils venaient de renverser dans la leur, y découvrirent en même temps le côté par lequel il leur convenait de l'attaquer. Instruits qu'elle n'admettait dans l'Assemblée souveraine que ceux des Genevois qui avaient acquis par eux ou par leurs ancêtres le titre de

Citoyens, ils l'accusèrent hautement de n'être qu'un corps héréditaire & aristocratique. Ce conseil l'était si peu néanmoins, qu'il renfermait près des deux tiers des Genevois chefs de famille, & que pour lui attacher & lui associer graduellement les autres, nos dernières loix populaires avaient successivement réduit les conditions de leur admission perpétuelle à une simple rétribution pécuniaire, une fois payée, mais tellement modique, (1) qu'elle était loin de présenter, quant à l'indépendance de leurs fortunes, le gage durable qu'il est si essentiel d'exiger d'un électeur, & à plus forte raison des membres d'un Conseil législatif.

Cette classe de citoyens non-actifs, qu'on appelait chez nous *Natifs*, venait de déployer, en général, un grand dévouement pour la défense de la République. Si l'on en excepte une cinquantaine d'individus, tant citoyens que natifs, qui avaient, à l'approche du siége, lâchement déserté nos murs menacés, en alléguant qu'il n'était pas permis à des amis de la liberté, de combattre, ni même de se défendre contre les Français; Genève, à l'époque de ces préparatifs hostiles, n'avait présenté qu'un cœur, qu'une ame, une famille. Peut-être même, cette époque du plus grand danger qu'elle ait jamais couru, présente-t-elle 'la plus grande, comme la dernière

_____

(1) En faveur des petits-fils d'étrangers nés à Genève, cette rétribution avait été graduellement réduite à environ six louis, applicables aux hôpitaux, aux arsenaux, ainsi qu'aux autres établissemens publics qu'avaient fondés les anciens Genevois, & dont les nouveaux venaient partager les avantages.

époque de fa gloire ; puifque, dès que notre Affemblée du Peuple eut appris que le Général Français
nous déclarait la guerre pour avoir décrété l'appel de
1600 Suiffes, elle lui envoya pour réponfe un fecond
décret, par lequel elle inveftiffait notre gouvernement
du droit d'en appeler & d'en introduire autant qu'il
le jugerait convenable.   Bientôt après, lorfque le Miniftère Français, dans l'efpoir de divifer les Genevois,
affecta de n'envifager ces décrets que comme une
manœuvre de leurs magiftrats, & demanda le châtiment exemplaire de ces derniers, qu'il appelait des
Magiftrats pervers & traîtres, toute notre milice nationale fe raffembla fous les armes le 10 Octobre, les
invita à refter fermes, & prit l'Être Suprême à témoin
qu'elle partagerait tous leurs périls.(1)

Il eft vrai que dès que la France eut changé de
marche pour en adopter une moins violente, mais

---

(1) Vraiment dignes de lutter en dévouement avec leurs compatriotes, les Syndics & Confeil écrivirent le même jour à M. *Le Brun,*
Miniftre des affaires étrangères, pour s'offrir perfonnellement en
facrifice à la France, & pour le conjurer de préferver à ce prix leur
patrie des dangers dont elle la menaçait. *Si ces dangers peuvent*
être écartés au prix de nos fortunes & de nos vies, lui dirent-ils, *nous*
les offrons avec ardeur en facrifice : nous bénirons même la main qui,
en nous immolant, pourra faire paffer Genève à nos enfans, telle que
nous la tranfmirent nos ancêtres : oui, nous bénirons la main qui dé-
tournera l'orage qui menace l'Helvétie & la République Françaife :
nous la bénirons pour avoir fauvé à cette dernière, encore dans fon
berceau, la tache d'avoir écrafé de fa toute-puiffance la Patrie du Phi-
lofophe qu'elle confidère comme fon fondateur : enfin, nous la bénirons
fur-tout pour avoir épargné au fiècle de la liberté, l'opprobre de voir
les peuples libres aux prifes avec les peuples libres, &c. &c. &c.

plus fure & moins évidente, elle réuffit complètement
à nous défunir, & à nous déforganifer. En effet, dès
que les natifs eurent appris, par les débats même de
la Convention, qu'elle ne parlait plus de fe venger de
nos magiftrats, & qu'elle ne vifait plus à la prife
de notre ville, mais uniquement à étendre fur tous les
habitans indiftinctement, la jouiffance de l'égalité politique, ils commencèrent à y afpirer ouvertement.
Quelques citoyens s'affocièrent à eux, & fe mirent
à leur tête, foit pour jouer un rôle, foit par l'attrait
de ce que la doctrine de l'égalité extrême a de fédui-
fant en théorie. Bientôt les foldats Français qui
étaient à nos portes, les encouragèrent ouvertement
à ne plus fe donner entr'eux d'autre appellation que
celle de *Citoyen*, à fe couvrir la tête d'un bonnet rouge,
à chanter en public les fanguinaires chanfons de leur
Révolution, & à fe préparer à foutenir au befoin
par la force leurs prétentions, pour le fuccès des-
quelles ils leur offrirent même en fecret le fecours
de leurs armes.

C'eft ici, Monfieur, le premier fymptôme de la
crife révolutionnaire, qui, après avoir mis tout-à-coup
Genève aux prifes avec l'anarchie, l'a plongée, en
moins de deux ans, dans fes dernières convulfions, &
dans tous les crimes que peut inventer la tyrannie
populaire.

Effrayée du nouveau péril qui menaçait inévitablement, ou la Conftitution de Genève, ou fon indépendance, notre Magiftrature ne fongea plus qu'à
préferver à tout prix cette dernière, & fe hâta de proclamer elle-même l'admiffion de tous les Genevois

indiſtinctement, & gratuitement, dans le Corps Légiſ-
latif. Mais à peine les Petit & Grand Conſeils eurent-
ils adhéré au décret qui devait être ſanctionné, le
6 Décembre, par l'Aſſemblée Souveraine, qu'on re-
préſenta aux natifs, " combien il ferait humiliant
pour eux de recevoir, à titre de faveur, l'égalité des
droits politiques ; que cette égalité leur appartenait
par la nature ; & que la leur offrir par des formes
conſtitutionnelles, était un attentat de plus contre
elle."

Le progrès de cette étrange doctrine fut ſi rapide,
que ſes ſectateurs rejetèrent le bienfait que l'Aſſemblée du Peuple allait leur aſſurer à jamais ; & que,
déterminés à l'emporter par aſſaut, ils coururent aux
armes le 4 Décembre, & demandèrent en outre, pour
en aſſurer la conquête, 1°, à remplir excluſivement
par leurs partiſans, toutes les places de l'adminiſtration quelconques ; 2°, Qu'on élût une Convention
Nationale Genevoiſe, pour achever de démocratiſer
notre Conſtitution ſur ce nouveau principe.

Ceux qui ſavent que ce parti déſorganiſateur ne for-
mait pas alors le quart de notre peuplade, l'ont ſévère-
ment blâmée de ne l'avoir pas diſſipé par la force.
C'eſt qu'ils ignorent que des conſidérations de ſureté
extérieure, des plus impoſantes, nous en interdirent
l'emploi, quelque certain qu'en eût été le ſuccès immédiat. C'eſt qu'ils oublient ſans doute, que depuis
l'invaſion de la Savoie, Genève ſe trouvait entièrement enveloppée dans le territoire Français ; que,
malgré deux traités ſolemnels, l'armée des Alpes était
encore à nos portes ; qu'elle venait de recevoir & de

proclamer le fameux Décret qui ordonnait aux Géné-
raux Français de fecourir, par-tout, *les peuples opprimés*; que les plus exaltés des natifs menaçaient formellement d'invoquer ce fecours; qu'enfin l'armée
qui le leur offrait n'attendait que le fignal du choc
inteftin le plus léger pour pénétrer dans nos murs, où
elle avait des partifans, & même une efpèce d'avant-
garde.

Cependant, je vous l'avouerai, Monfieur, fi l'on
eût fuivi mes avis, on n'aurait point héfité à employer
la force ouverte contre ces partifans; car, à mes yeux,
c'eft fur-tout dans les Etats libres, dans ceux où les
loix font, ou repréfentent l'expreffion du peuple qui
leur eft foumis, que le premier devoir des dépofitaires
de ces loix eft d'en conferver le dépôt au péril de leurs
vies, & pour cet effet d'attaquer à force ouverte toute
faction qui ofe annoncer l'intention de les renverfer
par la force. Je foutins en vain cet avis: l'horrible
étendue des dangers extérieurs qui menaçaient notre
indépendance glacèrent prefque tous les courages, ou
plutôt les firent céder aux fuggeftions plus puiffantes
de la prudence, & à des efpérances qui n'ont été, il eft
vrai, que trop illufoires. Néanmoins la tournure douce
& bénévole que parut prendre la première Révolution
qui va fuivre, nous donna occafion plus d'une fois de
nous féliciter d'avoir fait céder le droit à la circonfpection: mais la Révolution que celle-ci amena dix-huit
mois après, & qui, en nous ôtant jufqu'à l'honneur, a
détruit & renverfé tout ce que nous avions alors efpéré
fauver, vous fera aifément comprendre, avec quelle

amertüme nous avons dû regretter de n'avoir pas tout osé pour arrêter ces horribles révolutions ici, c'est-à-dire dans leur source. Et en effet, combien n'eût-il pas mieux valu préférer même la certitude de succomber alors avec honneur, à la simple perspective de l'existence malheureuse & presque flétrissante à laquelle vous verrez bientôt que quelques Genevois dénaturés ont condamné peut-être sans retour la masse de leurs compatriotes!

Quel que puisse être son avenir, la vérité n'en oblige pas moins d'exposer la circonstance impérieuse qui fit céder la grande masse des Genevois. C'est qu'ils étaient convaincus que si les Français réussissaient à s'introduire dans leur ville, sous le prétexte d'y aider l'un des partis *opprimés*, ces prétendus auxiliaires en seraient bientôt les maîtres absolus. C'est ainsi que le patriotisme même de la *majorité* paraissant lui commander de céder à la *minorité*; les Petit & Grand Conseils résignèrent toutes leurs places entre les mains des chefs du nouveau parti (pour la plupart ceux-là même qui avaient fui pendant le péril): Ils n'en exigèrent même d'autre promesse que celle de maintenir l'ordre social, & de ne point nous livrer à la France,(1) qui laissait toujours percer la haute im-

portance

_____

(1) Dès qu'elle eut renoncé à s'emparer de Genève à force ouverte, elle mit un tel prix à y suppléer par la séduction, qu'*Anacharsis Cloots*, l'un des chefs de la Convention, s'adressa à elle en ces termes: " *Et si Genève persiste à ne pas vouloir se donner à nous, il faut prier Genève de nous permettre de nous donner à elle.*"

portance qu'elle mettait à cette efpèce de conquête. Au refte, comme il n'y eut point de réfiftance, il ne put point y avoir de choc proprement dit; & c'eft ainfi que, peu de femaines après l'arrivée de l'armée Françaife à nos portes, le peuple, qu'elle avait réuffi à divifer en deux, fe réunit cependant pour dé-jouer fes efpérances fecrettes, & pour lui ôter tout pré-texte de le fecourir afin de le foumettre.(1) Mais c'eft ainfi que la nouvelle République Françaife, qui avait fouillé fes premières armes en les tournant contre la faible Genève, & qui ne renonça, en apparence,(2) à cette lutte, que pour y fuppléer par la négociation, déshonora encore fes premiers pas dans la carrière diplomatique, d'abord en ordonnant expreffément à fon plénipotentiaire d'y employer *toute fa dextérité*; puis,

_____

(1) Pour lui ôter d'autant mieux ce prétexte, les auteurs de notre révolution la couronnèrent, en plantant fur le fol de l'ancienne li-berté Genevoife, l'arbre ftérile qui porte ce nom. D'ailleurs cet étendard étranger devoit perfuader à notre populace, que cette li-berté était une conquête toute nouvelle. Et en effet, elle s'at-tacha doublement à cet arbre d'alliance, en l'envifageant comme un talifman qui nous mettait pour toujours à l'abri d'une invafion des Français. Elle y grava même ces mots:

    Cet Arbre, mieux que nous, protège nos remparts.

(2) Tandis que le Réfident Français fe rendait en parade auprès du gouvernement ufurpateur, pour lui annoncer qu'il s'était em-preffé de rendre compte à fes conftituans d'une *fi glorieufe Révolu-tion*; tandis qu'il l'amufait par fes proteftations d'eftime & d'admi-ration, le nouveau Général Français *Kellerman*, d'accord avec lui, faifait avancer fecrètement contre Genève un corps de troupes con-fidérable, dans l'efpoir de faifir pour les y introduire l'occafion qui venait de lui échapper, & qui ne fe préfenta plus.

en violant ou en annullant les deux traités, à la faveur
defquels il nous avait défarmés, nous & les Suiffes.
C'eft ainfi, qu'à l'aide de cette trêve perfide, elle fe
glorifia de dominer le plus petit Etat de l'Europe, &
d'y renverfer l'une des Conftitutions les plus démo-
cratiques qui exiftaffent. C'eft ainfi enfin que ce petit
Etat, pour avoir ofé s'armer contre les attaques ouvertes de la France, fut irrévocablement condamné
par elle à fuccomber fous des attaques d'un autre
genre.

Ici commence l'hiftoire de notre première Adminiftration ufurpatrice, qui, quoiqu'elle dût fon exiftence à une influence étrangère, ne s'en eft pas moins
décorée du titre de *Gouvernement Conftitutionnel*, &
dont le règne n'a été interrompu qu'au bout de dix-
huit mois. On pourrait, à bien des égards, la comparer au parti Français qui lui donna le jour, puifqu'il
paraît certain qu'elle n'avait voulu faire une révolution par la populace Genevoife, que dans l'efpoir il-
lufoire de pouvoir, & l'arrêter à fon gré, & lui interdire, à coup fûr, tous excès ultérieurs. On doit convenir que la plupart de fes membres étaient des
hommes de quelque propriété, & même de quelque
éducation; & fi l'on en excepte certaines injuftices
judiciaires, inféparables fans doute d'un pareil état de
crife, & certains attentats de la populace, dont on
foupçonna quelques-uns des Adminiftrateurs d'être
les inftigateurs fecrets; leur Corps, proprement dit,
parut faire en général ce qui dépendait de lui pour
maintenir l'indépendance au dehors, & l'ordre au
dedans.

Il est également vrai que ces nouveaux Administrateurs eurent à lutter contre quatre grands obstacles :
1°, contre la décadence du commerce, des manufactures, & des fortunes particulières, pour la plupart
englouties dans les fonds de France ; mais sur-tout
contre l'anéantissement des finances publiques, épui-
sées rapidement par l'énormité des salaires, dont les
120 membres de la Convention & les nouveaux Magistrats eurent essentiellement besoin pour vaquer à
leurs nouvelles fonctions : 2°, contre les intrigues ouvertes du Résident de France à Genève, (1) qui ne
cessa de les agiter, & leur suscita une multitude d'entraves : 3°, contre les successeurs des Brissotins, qui
ne voulurent jamais considérer comme de vrais confédérés, cette Magistrature révolutionnaire,* & qui,
bien loin de lui accorder les bons offices auxquels elle
s'était crue, à ce titre, des droits assurés, lui refusèrent
même les égards qu'ils rendirent au reste de la Suisse :
car il n'est pas indifférent d'observer que celle-ci,
en restant solidement à l'ancre de ses anciennes Con-
stitutions, avait trouvé le vrai secret de se faire res-
pecter des Français. 4°, Contre une nouvelle faction

---

(1) L'Abbé *Soulavie*, connu, depuis la Révolution, par un ouvrage obscène intitulé *Vie privée du Maréchal de Richelieu.*

* C'est ainsi, par exemple, que, contre la lettre des traités les
plus positifs, & uniquement pour ajouter à l'affreuse disette des sub-
sistances qu'éprouvait Genève, la République Française, ou du
moins ses agens, refusèrent constamment, & sous différens prétextes,
le passage des denrées de notre petit territoire enclavé dans le sien.
On dit cependant que l'obtention de ce passage vient d'être enfin
la récompense de la révolution suivante.

compofée de la lie de leur propre parti, peu nombreufe il eft vrai, mais qui, fous le nom de *Marfeillois*
& de *Montagnards*, & ayant évidemment à fa tête le
Réfident de France, demandait le renverfement du
culte religieux, prêchait les principes les plus ex-
trêmes des anarchiftes Français, & femblait afpirer,
ou à les imiter en tout, ou à fe livrer à eux.

Loin d'ajouter à ces funeftes entraves, la majorité
des citoyens, reconnaiffante de ce que les nouveaux
Adminiftrateurs fe ralliaient autour de l'indépendance, couvrait d'un voile l'illégitimité de leur titre,
leurs fautes paffées, & celles que l'ignorance, l'efprit
de parti, ou la difficulté des temps, leur faifaient journellement commettre. Plus d'une fois les Magiftrats
qu'ils avaient deftitués, les aidèrent de leurs confeils;
& quelques-uns d'entr'eux confentirent même à fiéger
dans la Convention de Genève.

Cette Convention était une autre imitation de la
France. Cent & vingt Députés fatiguèrent l'État
pendant un an d'une grande furcharge de dépenfes,
& firent une nouvelle conftitution politique où l'on
ne put reconnaître que le cadre de nos anciennes
loix. Ils travaillèrent prefque toujours fous l'influence d'un Club qui admettait les principes & le langage des Jacobins de Paris, auxquels il avait demandé leurs formes & leurs règlemens, & qui n'ou-
blia rien pour fe donner une égale importance.

Les amis de la Conftitution qu'on renverfait ont
fouffert pendant cette année tout ce qu'il peut y avoir
de plus amer & de plus humiliant dans la victoire
d'un parti, compofé de gens, pour la plupart, fans édu-

cation & fans propriétés. Ces prétendus réforma-
teurs diftribuaient à l'approche de la nuit des coups
de bâton dans les rues à tous ceux qu'ils foupçonnaient
de ne pas adorer la liberté & l'égalité prêchées de
cette manière. Le Gouvernement n'offrit d'abord
aucune protection contre ces infultes : elles durèrent
long-temps, & reftèrent conftamment impunies, bien
que dans une occafion elles furent enfin portées
jufqu'au pillage public de la maifon de campagne d'un
des anciens Magiftrats, & même jufqu'à l'affaffinat en
plein jour d'un individu auquel fes meurtriers repro-
chèrent d'être couvert d'un bonnet blanc, & non d'un
bonnet rouge. Receuillir toutes les efpèces d'outrage,
toutes les turpitudes, que fe permirent ces égalifeurs,
ces difciples de la philofophie du fiècle, ce ferait faire le
tableau de la tyrannie populaire dans toute fa baffeffe,
comme nous la verrons bientôt dans toute fa férocité.

Pour mériter fon nom pompeux, la Convention
Genevoife fe crut obligée de tout changer, de tout
renouveler, de traiter une petite République qui
avait dû à fes loix fondamentales une étonnante profpérité, comme fi elle avait eu à réparer un grand Etat
gangrené d'abus & de vices. Le *defpotifme,* lui difait
un eccléfiaftique énergumène, *brûle la terre où il paffe,*
& les égalifeurs auxquels il tenait ce langage fe crurent tout-à-coup affis fur la lave brûlante d'un volcan.

Afin de démocratifer nos loix politiques, & pour
plaire à la Convention de Paris, celle de Genève ne
put trouver d'autre moyen que de verfer une partie
du pouvoir exécutif dans l'affemblée légiflative du
peuple ; & c'eft ainfi qu'elle renverfa l'unique

balance de notre Conftitution. On lui doit cependant la juftice de dire qu'elle fe montra jaloufe de la fureté des perfonnes : elle établit même le juré, fans trop examiner, il eft vrai, fi cette belle inftitution convenait à une fociété bornée à l'enceinte d'une ville. Mais on crut y voir au moins le défir fincère de donner la plus grande latitude à la liberté individuelle.

La majorité des Genevois, attachée à nos antiques loix, fe montrait cependant fort éloignée d'approuver cette démocratie illimitée : auffi fes auteurs mirent-ils tout en ufage pour lui obtenir la fanction de l'Affemblée du Peuple. Prenant, vis-à-vis de ceux qui la défapprouvaient, le langage de l'amitié & le ton de la confiance, ils les conjuraient de la fanctionner, finon par amour pour elle, du moins afin de déconcerter les agitateurs du dehors & du dedans, qui pourraient trouver dans un pareil refus, le prétexte de quelque bouleverfement favorable à leurs vues ; mais fur-tout afin d'en impofer promptement par ce nouvel ordre politique aux révolutionnaires fubalternes qui commençaient à n'en vouloir aucun. Les auteurs de cette Conftitution populaire infiftaient principalement fur ce que fes nouveaux miniftres y trouveraient toute la force dont on avait befoin pour protéger les individus & pour préferver les propriétés. Ils repréfentaient enfin que, dans la crife où était la République, il s'agiffait bien moins de liberté parfaite que de fureté individuelle, & ils garantiffaient que celle-ci trouverait une fauvegarde dans leur adminiftration & dans l'établiffement des jurés.

Sur des affurances auffi pofitives, les défapprobateurs trop pleins de confiance dans ceux qui les leur donnaient, & dans le caractère de leurs compatriotes, fe réunirent pour accepter fans plus héfiter cette nouvelle Conftitution qui devait, leur difait-on, ramener l'ordre & la tranquillité. En conféquence elle fut fanctionnée en Confeil fouverain le 5 Février 1794, à l'étonnante pluralité de 4200 fuffrages contre 200; & le parti attaché aux anciens loix voulut achever de gagner les égalifeurs par une autre preuve de confiance, en leur donnant exclufivement fes fuffrages pour les nouvelles magiftratures.

Sans renoncer, il eft vrai, à fes anciennes opinions fur ce qui conftitue une liberté fage & tempérée, la grande maffe de notre peuplade fe montrait à chaque occafion prête à foutenir de toutes fes forces ce nouveau Gouvernement Conftiturionnel, pour l'aider à faire face aux difficultés du dehors, & aux déforganifateurs du dedans. Enfin, comme l'indigence avait beaucoup augmenté, foit par la guerre du continent, qui réduit toujours le commerce de notre principale manufacture, foit par la longue oifiveté de la claffe des ouvriers révolutionnaires, les Genevois riches ou aifés foufcrivirent un capital confidérable pour faire travailler les atteliers, en attendant qu'il s'ouvrît des débouchés à leurs produits.

Graces à tant de nobles facrifices, foit d'intérêts privés, foit de paffions politiques, Genève femblait naviguer encore tranquillement à côté de la tempête Françaife, dont elle voyait tout autour d'elle les naufrages & les débris. La Suiffe elle-même, étonnée de ce miracle révolutionnaire, (& c'en eût été un grand, sans doute, que celui d'une première désorganisation qui se ferait arrêtée à sa source) la Suisse, cédant aux sollicitations généreuses & répétées de plusieurs des Magistrats Genevois destitués, venait de consentir à renouer ses relations confédérales, absolument interrompues depuis dix-huit mois, avec le Gouvernement qui les avait si violemment dépossédés. En un mot, ce dernier semblait s'améliorer, s'éclairer, se fortifier ainsi par le temps ou par les circonstances; & la plupart de ceux qui en avaient redouté les excès, & s'étaient absentés de leur patrie, avaient été graduellement invités à y rentrer, par l'assurance solemnelle que leur donnait le nouveau gouvernement, que la révolution était achevée, & qu'ils trouveraient sous son égide, police, protection, & sécurité.

Sécurité perfide & trompeuse! Tous les fléaux de la révolution Française menaçaient Genève, sans que ses honnêtes habitans s'en doutassent. Un des nouveaux administrateurs, député à Paris, & appelé, par sa mission même, à y voir assidûment les chefs des Jacobins, nourri dans leur sein depuis plus d'une année, & suffisamment exercé dans la théorie des insurrections, venait d'accourir enfin à Genève pour la mettre en pratique, & se concerter avec les Montagnards, auxquels le Résident de France donnait souvent des fêtes, pour les préparer à de nouvelles évolutions révolutionnaires, en attendant que son associé Genevois en apportât le plan de Paris.

Le plan de l'avocat *Bousquet* (c'est le nom de ce Genevois) portait sur cinq grands points d'imitation.

1°, Oter

1°, Oter aux plus honnêtes d'entre les Adminiſtrateurs ſes collègues la confiance de la populace, en les accuſant d'un concert ſecret avec les riches, ou, tout au moins, de lâches ménagemens pour eux. 2°, Suſpendre les autorités conſtituées, ainſi que l'Aſſemblée du Peuple elle-meme, pour inveſtir de tous les pouvoirs ſes principaux partiſans, ſous le titre de *Gouvernement Révolutionnaire.* 3°, Conduire, du premier abord, ſes partiſans au pillage, & ériger un Tribunal qui cimentât cette nouvelle révolution, en verſant du ſang au nom de la liberté, afin que la brêche fût irréparable, & que ſes aſſociés ne puſſent plus reculer dans la carrière qu'il allait leur ouvrir. 4°, Mettre également dans toutes les claſſes, la terreur à l'ordre du jour, afin de glacer à la fois tous les courages, & que le petit nombre pût impunément dominer le plus grand. 5°, Enfin, avilir le culte religieux.

Cet épouvantable édifice a été élevé dans une ſeule nuit. Son architecte n'avait pas en effet de temps à perdre pour pouvoir en jeter les fondemens : il lui fallait abſolument devancer le jour où l'on allait propoſer à l'Aſſemblée du peuple, de nouvelles contributions ſur les riches, puiſque ces contributions (ſi elles étaient acceptées, comme on n'en doutait pas) devaient ôter tout prétexte de clameurs contre ces derniers, & rendre à l'adminiſtration la force qu'elle riſquait de perdre par l'épuiſement rapide des finances publiques.

C'eſt alors que *Bouſquet,* après avoir excité les alarmes de la populace, en ſemant des bruits ſom-

F

bres & vagues d'un projet contre-révolutionnaire, qui devait, lui difait-il, faire de Genève *une petite Vendée*, déclara fans déguifement, qu'il y avait bien d'autres moyens de foulager le Peuple que de l'exempter de tous impôts ; que, depuis trop long temps, les riches dévoraient fa fubfiftance, ou du moins infultaient à fa mifère par leurs jouiffances, & même par leurs aumônes : qu'enfin la deftruction de l'ariftocratie des loix ne ferait qu'un jeu d'enfans, fi l'on n'extirpait pas en même temps celle des richeffes, & celle des mœurs. Puis, tout en annonçant que les nouveaux impôts rifquaient d'être rejetés par l'influence de l'ariftocratie ; de peur que leur acceptation ne déconcertât fon complot, il choifit, pour l'exécuter, la nuit du 18 au 19 Juillet 1794, la veille même du jour où ils devaient être portés à l'Affemblée du peuple, & où il ne favait que trop qu'ils auraient été fanctionnés par elle.

Tout étant organifé pour l'infurrection, les rôles indiqués, & les victimes défignées ; ce ne fut qu'au milieu de la nuit que les Conjurés coururent aux armes, s'emparèrent des canons, & allèrent, avec de fauffes clefs(1), défarmer, pendant le fommeil, les citoyens

(1) Je fais que les Révolutionnaires Genevois fe font récriés avec force contre cette accufation de *fauffes clefs*, & j'ignore en effet dans combien d'occafions ils en firent ufage ; mais on m'a affirmé que l'un de leurs principaux chefs, ferrurier de profeffion, & fi je ne me trompe, l'un des Membres du premier Tribunal, fe fervit de fauffes clefs pour s'introduire à l'improvifte chez Mr. *Diodati*, qui n'eut que le temps de fortir de fon lit & d'échapper à fes bourreaux.

dont ils redoutaient le plus la réſiſtance & le déſeſ-
poir. On prétend qu'ils eurent ſoin de mettre en
même temps aux arrêts deux des Syndics, qui n'ont
pas manqué de dire que leur Gouvernement Conſti-
tutionnel s'était trouvé ainſi paralyſé, & forcé de reſter
témoin muet de cette conſpiration imprévue qu'il aurait
étouffée s'il en eût été inſtruit; comme s'il eût été
poſſible que, dans une auſſi petite ville que Genève,
on mette en mouvement un pareil nombre d'individus
ſans qu'un Gouvernement populaire en ait des avis !
Auſſi eſt-il très-certain qu'il en avait eu connaiſſance
la veille, & qu'il n'eût tenu qu'à lui de la prévenir.(1)
Quelques perſonnes croient qu'il en eut la volonté,
& non le courage : d'autres, non moins dignes de foi,
aſſurent que ce fut cette volonté même qui lui man-
qua; que l'arreſtation proviſoire de deux de ſes membres, laquelle, ſi elle eut lieu, ne dura en effet que
quelques heures, était une comédie concertée entre
eux & *Bouſquet*; que bien qu'ils n'aient pris d'abord
aucune part oſtenſible à cet événement bouleverſateur,
ils n'en furent pas moins les complices; & que les
principaux chefs de cette Magiſtrature uſurpatrice le
déſiraient eux-mêmes depuis quelque temps, pour ſe
ſouſtraire à l'obligation où ils allaient ſe trouver de

(1) On m'aſſure aujourd'hui que cette prétendue détention des
deux Syndics n'eſt fondée que ſur un rapport qu'ils firent circuler
dans le temps, mais qui a trouvé d'autant moins de créance, que
pluſieurs témoins oculaires & dignes de foi aſſurent avoir vu ces
deux mêmes Syndics les armes à la main dans les premiers rangs des
conſpirateurs nocturnes.

rendre compte d'un vuide confidérable dans les finances.

Quoi qu'il en foit, ce Gouvernement ne fit rien pour empêcher les attentats qui fe commirent, ni même pour en diminuer l'horreur & l'étendue. Elles furent fans bornes. Dans cette invafion noĉturne les Genevois fe feraient crus pris d'affaut par des ennemis étrangers, fi le pillage des provifions de bouche, du numéraire, & même de la vaiffelle, ne s'était pas exécuté avec une telle connaiffance des dépôts, qu'ils comprirent bientôt que parmi ces affaillans fe trouvaient plufieurs de leurs propres compatriotes. L'expédition de ces derniers fe fit avec ordre, fe prolongea fans obftacle, & s'acheva fans la moindre réfiftance. Leurs petites bandes armées n'exhibaient aucun ordre, mettaient les fcellés fur ce qu'elles ne pouvaient point emporter, & n'oublièrent pas d'envelopper dans leurs arreftations perfonnelles, beaucoup de citoyens obfcurs & pauvres. Telle fut la fureur aveugle & barbare de ces vifites domiciliaires, qu'au milieu des chaleurs les plus brûlantes, on traîna, on entaffa dans les prifons jufqu'à des vieillards hydropiques, & des malades attaqués de fièvre maligne. Cette œuvre de ténèbres fut exécutée en peu d'heures, par une centaine de brigands, moitié Genevois, moitié étrangers; &, comme *Boufquet* s'y était attendu, le fuccès lui affocia, dès le lendemain, tout le refte de la populace, tous les hommes lâches & faibles, & même un certain nombre d'honnêtes gens, qui fe flattèrent encore d'arrêter ces forfaits en ne fe féparant

5

point tout-à-fait de ceux qui les avaient commis, &, qui en méditaient déjà d'ultérieurs.

Leur Chef se hâta de rassembler sous les armes tous ces associés, qu'il honora du nom de *Nation Révolutionnaire*. Il débuta par annoncer une solde considérable & journalière à ceux d'entr'eux qui persévéreraient avec courage dans cette nouvelle carrière de patriotisme ; puis, invoquant les saints noms de liberté & de vertu, il observa que ce n'était qu'à la salutaire énergie des grandes mesures de sévérité que les Français avaient dû leurs succès au dehors & au dedans ; que la sévérité de ces mesures était toujours réunie avec la justice & la morale ; & qu'il fallait faire recommencer dans Genève le règne de la liberté, de la vertu, & de la révolution, par de grands exemples. En conséquence le Gouvernement Constitutionnel fut déclaré suspendu, & remplacé provisoirement, par un Tribunal Révolutionnaire, dont *Bousquet* se fit proclamer Président, & qu'on chargea de juger immédiatement les détenus.

Le nombre de ces derniers croissait d'heure en heure, & fut enfin porté à près de six cents chefs de famille, grâces aux soins du Résident Français, qui donna des ordres dans tous les districts voisins, pour faire repousser dans Genève ceux de ses habitans qui avaient eu le bonheur de fuir, & d'atteindre le pays de Gex. Parmi les prisonniers se trouvèrent presque tous les Magistrats destitués en 1792, plusieurs Professeurs distingués, & la plupart des membres de ce Clergé si éclairé, si sage, si tolérant, si modeste, si uni, & dont Genève avait eu

constamment

constamment tant de raisons de s'honorer. De crainte de laisser échapper les plus respectables de ces ecclésiastiques, on les poursuivit jusques dans la chaire des temples, où, malgré qu'on les menaçât de toutes parts du sort que les Prêtres Français subirent à Paris le 2 Septembre, ces héros de la Religion Protestante avaient eu le courage d'aller invoquer le Dieu de paix sur leur patrie déchirée. C'est ainsi que s'exécuta dans toute son étendue, l'infernale sentence qu'avait prononcée Brissot : *La Révolution se fera à Genève, ou celle de France doit rétrograder.*

Au sein de tant de barbarie percèrent cependant quelques traits d'humanité, qui prouvent que le caractère Genevois ne pouvait s'éteindre que par degrés. C'est ainsi qu'on entendit des révolutionnaires avouer, en pleurant, aux prisonniers dont on leur ordonnait d'être les geoliers, *Qu'ils étaient bien moins à plaindre qu'eux, & qu'ils enviaient sincèrement leur sort.* Mais tout espoir & tout moyen de résistance disparaissaient déjà devant les moyens terribles de ceux qui avaient commencé le combat avec tout le courage qu'inspirent les ténèbres, & qui s'étaient hâtés d'assurer leur victoire par un désarmement complet. Frappées de la stupéfaction universelle qui s'empara alors de tous les citoyens, les femmes seules s'ébranlèrent & tentèrent au nombre d'environ deux mille une démarche en corps pour obtenir la libération des prisonniers, en désarmant le nouveau Tribunal au moins par leurs larmes. Il les repoussa sans violence, mais avec une ironie qui le peint mieux encore ; il fit approcher les pompes à incendie, & les menaça d'un *baptême civique.*

Débarraffé de ce faible & dernier obftacle, & brûlant d'entrer en fonctions, le Tribunal Révolutionnaire les entama, en défignant entr'autres parmi les huit premières victimes quil fit traduire devant lui, l'ancien Syndic *Cayla*, l'un des Magiftrats qui venait de montrer le plus de fermeté pour la défenfe de nos loix, & l'ancien Procureur-Général *Prévoft*, dont le crime principal était d'avoir concouru à négocier, avec le Général *Montefquiou*, le traité qui nous fauva des premiers attentats de la France. Leurs Juges fiégaient à l'Hôtel-de-Ville, les manches retrouffées comme des bouchers, les jambes nues, la poitrine découverte, en bonnets rouges, un fabre au côté, des piftolets à la ceinture, environnés de bouteilles & des vapeurs du vin. Six d'entr'eux ne purent point foutenir ce tableau infernal, & demandèrent leur démiffion, tandis que le refte de leurs collègues prolongèrent leur fanglante feffion au milieu de l'ivreffe & de la plus infame gaieté.

Quoiqu'il n'y eût contre les accufés aucun chef d'accufation directe, aucun indice du prétendu complot d'une contre-révolution, ni même aucune queftion qui fût relative à ce projet abfurde, enfanté pour enflammer le peuple & pour l'armer ; la défenfe de ces deux magiftrats, & de leurs fix co-accufés, dura jufqu'aux lendemain 26 Juillet. Lorfqu'à l'ouverture des boëtes dans lefquelles les votes s'étaient donnés au fcrutin fecret, on apprit qu'il n'y avait que deux des accufés condamnés à mort, les Marfeillois & les Montagnards, altérés de fang, proposèrent le maffacre général de tous les prifonniers indiftinctement ; &

menaçèrent même les Juges hypocrites qui ofaient tenir ainſi, en fecret avec leur confcience, un langage ſi différent de celui qu'ils avaent profeſſé vis-à-vis de leurs commettans. A cette menace, les Juges intimidés recommencèent immédiatement leur pocédure, en donnant cette fois leurs opinions à haute voix, & au bruit des vociférations de galeries, où l'on n'entendait que des cris de mort. Alors fept des huit premiers accufés furent condamnés à perdre la vie, par les mêmes hommes qui en avaient abfous ſix la veille, & qui n'en pr ...èrent pas moins à cette feconde fentence, en ;renant l'Etre fuprême à témoin de leur juſtice, & en fe permettant de temps à autre les plus lâches bouffonneries.

Dès le lendemain, la nation révolutionnaire, qui s'était réfervée le droit d'appel, fut convoquée en armes pour fanctionner ces jugemens : mais quoique, fous prétexte de l'épurer, on en eût exclu l'élite des citoyens, la grande pluralité des fuffrages fut pour la vie des trois principales victimes dévouées. (1)

A l'afpect de ce nouveau déchiffrement, & de ce premier acte national de repentir & de remords, les confpirateurs fubalternes annoncèrent la plus forte indignation, rejetèrent ce nouveau réfultat comme l'effet d'une combinaifon ariftocratique, & fe livrèrent aux imprécations les plus horribles. Iis pourfuivirent même dans les rangs deux ou trois citoyens qui en étaient fortis pour inviter les affiftans à faire refpecter le vœu que venait de prononcer le peuple, & à ne point

---

(1) Coyla, Prévoſt, & De Rochemont.

point permettre qu'il reſtât ainſi témoin paſſif de ſa
honte, de ſon impuiſſance, & de ſon humiliation.

. Des députations armées ſe rendirent au Tribunal
Révolutionnaire pour ſe plaindre à lui de ce que les
faux patriotes qui s'étaient gliſſés parmi les véritables, riſquaient de faire échouer leur vœu ; pour
lui demander immédiatement au nom de ces derniers la mort des trois ariſtocrates abſous ; & pour
lui annoncer qu'en cas de refus, ils allaient ſe tranſ-
porter dans les priſons, & faire eux-mêmes juſtice.

. Leur nombre n'était pas mépriſable, leurs menaces
étaient affreuſes ; ils étaient armés ; la nuit était déjà
avancée ; les ténèbres & la défiance glaçaient d'effroi tous les hommes honnêtes & timides. Le Tribunal Révolutionnaire n'héſita point à ſaiſir ces prétextes pour s'élever au-deſſus de la majorité de ſon
propre parti (1) ; & livra à l'inſtant aux bourreaux

---

(1) Dès le lendemain 26 Juillet, ce Tribunal fit afficher une
longue apologie ſur l'événement de la veille, qu'il déclarait prendre ſous ſa propre reſponſabilité, & qu'il attribuait cependant aux
manœuvres des ennemis de la Révolution. Cette apologie n'eſt
que le manifeſte de la guerre qu'il ſe prépare à prolonger contre
les ariſtocrates, c'eſt-à-dire contre les riches. On les y accuſe de
n'avoir *ni renoncé à leurs prétentions,* ni *abjuré leurs anciennes erreurs* ; de n'avoir point *fraterniſé avec les révolutionnaires dans les
fêtes civiques* ; d'avoir *ſoupiré après une contre-révolution Françaiſe,
qui devait néceſſairement en produire une à Genève* ; d'avoir *fait
des vœux pour les rebelles de Lyon* ; enfin, *de s'être propoſés de
rejeter la nouvelle loi ſur les impôts,* &c. &c. &c. Les auteurs de
ce manifeſte y découvrent pour la première fois le véritable fil de
leur conſpiration ; car ils y parlent des *fâcheuſes impreſſions des
Français* contre Genève, & les attribuent ouvertement à ce que

ci-ceux

qu'on lui députait, les prévenus même dont cette majorité venait de prononcer la grace. Ces sept premières victimes s'étaient défendues avec noblesse : elles moururent avec tout le courage qu'inspirent la religion, l'innocence, & la vertu. Elles ne voulurent point qu'on leur bandât les yeux, & les révolutionnaires eurent la barbarie de les fusiller en deux temps. La seule d'entr'elles qui prononça quelques mots, fut le Syndic *Cayla*. *Je mourrais content* (s'écria-t-il) *si je pouvais croire que ma mort pût rendre à mes malheureux concitoyens la liberté & la paix.* Les exécuteurs déchirèrent un papier que l'avocat *De Rochemont*, jeune homme de la plus grande espérance, les conjurait de remettre, après sa mort, à sa famille. Mais le Procureur-général *Prévost* trouva le moyen de jeter dans la foule une lettre qu'il avait écrite au crayon, & qui laisse un monument bien touchant de son cœur & de ses vertus. En voici quelques fragmens.—*Personne, j'en suis sûr, ne perd autant que moi en perdant la vie.... Je remercie bien profondément ma bonne amie, de tout le bonheur dont elle m'a fait jouir;*

---

ceux-ci *avaient cru devoir se défier d'un peuple qui se vantait d'avoir fait triompher les principes de la liberté & de l'égalité, & qui laissait tranquillement dans son propre sein une horde d'aristocrates incorrigibles.* Ce manifeste invoquait la fraternité du peuple révolutionnaire, pour le conjurer *de se défier de la clémence, de faire cesser le règne de l'impunité, de purifier l'air de la patrie de ses enfans pervers, & de les mettre pour jamais hors d'état de se révolter contre elle.* De son côté, le Tribunal s'engageait *à révolutionner les principes & les mœurs, à régénérer l'esprit public, enfin à travailler sans délai à des institutions propres à prévenir la misère du peuple, à former de vrais citoyens, à préparer le bonheur de tous,* &c. &c. !!!

mais je la prie de se nourrir constamment d'une idée bien consolante, c'est que son mari meurt honorablement, & qu'il emporte l'estime universelle, quelle que soit la funeste illusion qui le perdit. Il s'est défendu avec courage, &c. &c.... Bonne mère ! si je t'ai donné quelques plaisirs, de combien d'amertumes tes vieux jours sont abreuvés ! Pleure avec mes bons amis ; mais que l'abattement ait son terme. Vous pourrez toujours vous glorifier d'un homme qui a marché constamment dans le chemin de l'honneur. Il m'inspire, il m'inspirera jusqu'au dernier moment de ma vie... Pour toi, mon cher fils ! que mon exemple ne te détourne point d'une marche loyale & franche dans toute ta conduite, quoiqu'elle soit la cause de ma perte ; mais éloigne-toi des affaires publiques, &c. &c.(1)

Quoique le crime mène au crime, & que le sang appelle le sang, on se berça alors du double espoir, ou que ceux qui venaient de le verser s'en étaient suffisamment abreuvés, ou que les Suisses trouveraient le moyen de mettre un terme à ces scènes atroces. Mais elles avaient été exécutées avec une rapidité qui prévint leur intervention, & avec un acharnement qui ne leur en laissait rien espérer. Cependant, le jour même du jugement de ces sept victimes, le Baillif Bernois du District le plus voisin écrivit à l'un

---

(1) Il n'est peut-être pas indifférent d'observer ici que cette victime du peuple avait été l'un de ses défenseurs les plus zélés contre les attentats du Comte de Vergennes, & qu'il fut le premier Magistrat qui eut le courage de proposer le renversement de la Constitution dictée par ce Ministre.

des Syndics une lettre très-preffante, pour lui annoncer que *la Suiffe entière voyait, avec la plus grande
horreur, les exécutions & les fcènes fanglantes qui fe
préparaient à Genève. Il y conjurait* les révolutionnaires *de rentrer en eux-mêmes, & de réfléchir qu'il en
était tems encore.*

Le Syndic fe garda bien de donner au peuple communication de cette lettre. Il répondit au Baillif
qu'elle *aurait été décidément dangereufe, puifque le vœu
de la majorité en faveur des trois prévenus avait été abfolument infrulueux.* Puis continuant encore à jouer
le rôle de défapprobateur : *Vous devez comprendre,*
ajouta-t-il, *combien notre pofition eft difficile, & votre
cœur eft fait pour apprécier la nature des fentimens auxquels le Gouvernement Conftitutionnel eft en proie.*

L'aftuce de cette réponfe n'empêcha point les
Suiffes de juger que ce prétendu Gouvernement Conftitutionnel était, finon le moteur fecret, du moins
le vrai complice des atrocités qu'il paraiffait blâmer (1); & ils fe font empreffés de rompre toute
efpèce de communication avec lui. Mais en in-

_____

(1) Que penferont ces Cantons lorfqu'ils apprendront que *Gafc*,
l'un de ces mêmes Syndics, qui comme chefs de la République
venaient de leur écrire, que la Révolution de 1792 était accomplie, & de leur garantir, qu'il n'y en aurait plus, n'a pas rougi
de fe faire dans l'étranger un mérite d'avoir prévu la Révolution qui
fuivit, & qu'il a écrit à Londres, " Qu'il aurait fallu être aveugle
" pour ne pas voir qu'elle était indifpenfable ?" Il a du moins
dépofé avec candeur dans cette même lettre, le mot de cette affreufe
énigme révolutionnaire ; car, en avouant que le peuple avait
acquis tout ce qu'il pouvait défirer en liberté publique & individuelle,

vitant leurs fujets à accorder la plus généreufe hofpi-
talité à la foule des Genevois déportés fur leúr territoire, les Bernois ont fagement profité de l'impreffion
d'horreur univerfelle que ce fpectacle a produit fur
leur peuple, pour lui en préfenter un tableau qui
achève, en même temps qu'il conftate celui qu'on
vient de lire.

 " Nous l'Avoyer, Petit et Grand Conseils
" de la Ville et République de Berne, assu-
" rons tous nos chers et féaux citoyens res-
" sortissans, de notre gracieuse bienveil-
" lance ; et par les présentes savoir faisons :

 " La notoriété publique vous a appris les fcènes
" déplorables qui viennent de plonger dans le deuil
" la ville de Genève. Cette République, à laquelle
" nous prîmes conftamment l'interêt réfultant des
" longues & intimes relations d'alliés, & des con-
" nexions habituelles d'un voifinage immédiat, eft
" livrée à des calamités inouies, dont il eft impoffible
" de prévoir ni l'étendue, ni la durée, ni les fuites.
 " Au moment où l'on nous faifait efpérer le retour
" de la paix & de la tranquillité par le nouvel ordre
" de chofes que le Gouvernement venait de nous an-
" noncer folemnellement, de même qu'au Canton de

---

duelle, il a eu foin de donner à entendre, qu'il n'en eft pas moins
vrai que ce peuple était pauvre, & que jufques-là les riches avaient
joüi tranquillement de leur opulence : auffi, ajoute-t-il, *étais-je du
nombre de ceux qui penfaient qu'il ne fallait ni empêcher ni provoquer
cette feconde Révolution.*

" Zurich, comme le terme de toutes les diffentions,
" une troupe de gens effrénés a attaqué & renverfé,
" à main armée, la liberté publique & la fureté per-
" fonnelle. On les a vu violer, à force ouverte, les
" domiciles, en arracher une foule d'individus, les
" arrêter arbitrairement, les traîner dans diverfes pri-
" fons. Ces violences ont été étendues jufqu'aux
" Miniftres de la religion, d'une manière qui femble
" annoncer fa profcription prochaine, dans une ville
" qui en fut long-temps un des principaux appuis.
" Au milieu de cette fubverfion générale, le fang a
" coulé ; des citoyens ont été immolés contre le vœu
" même de la majorité des votans ; de nouvelles vic-
" times font défignées ; de nouveaux attentats fur les
" perfonnes & les propriétés fe préparent & s'exé-
" cutent au mépris des fermens, des formes établies,
" & des loix de l'Etat ; & Genève confternée attend
" dans la terreur le fort que lui préparent les per-
" turbateurs fanguinaires qui ont ufurpé le droit de
" difpofer des vies & des fortunes de leurs con-
" citoyens.
" Nous voyons avec une douleur extrême la trifte
" deftinée d'une ville, dont le bonheur & la paix fu-
" rent de tout temps l'objet de nos foins, & dont la
" fituation intéreffe de fi près la tranquillité de notre
" Etat, & celle de la Suiffe. Mais la connaiffance
" que nous avons acquife de la criminelle partici-
" pation de divers individus de notre pays, aux hor-
" ribles excès que nous venons de retracer, aggrave
" encore notre douleur, & ajoute à notre indignation.
" Notre follicitude paternelle pour la fureté & l'hon-

" neur de notre patrie, ne nous permettant pas de
" tolérer fur notre territoire ces hommes fouillés par
" le crime ; Nous ordonnons par la préfente publi-
" cation, que l'entrée leur en foit interdite ; & Vou-
" lons que tous ceux de nos fujets qui feraient re-
" connus pour avoir eu quelque part à ces fcènes
" atroces, foient à l'inftant dénoncés & faifis, Nous
" réfervant de prononcer fur les juftes châtimens que
" leur coupable conduite, dans une ville fi long-
" temps notre alliée, leur aura mérités.

" Nous ne doutons pas, chers & féaux, que par-
" tageant avec nous les fentimens qui nous animent,
" vous ne redoubliez d'activité & de zèle dans l'exé-
" cution de la préfente Ordonnance. Nous aimons
" fur-tout à nous perfuader, qu'à la vue des malheu-
" reux événemens qui agitent fi cruellement cette
" République voifine, vous apprécierez d'autant
" mieux le bonheur de vivre fous des loix douces &
" équitables, qui, fecondées d'une religion bienfai-
" fante, nous font jouir, depuis long-temps, des
" biens ineftimables de la paix, de la tranquillité,
" & de toutes les profpérités que Dieu répand fur
" les peuples qu'il aime : & ce Dieu, dont nous
" éprouvons fi fenfiblement, comme nos pères, la
" toute-puiffante protection, ne nous abandonnera
" pas, fi, reconnaiffant fes bienfaits, & mettant notre
" confiance en lui, nous cherchons à mériter fa bonté
" & fes faveurs, par nos vertus, par notre attache-
" ment à fes faintes loix, & par notre amour pour la
" patrie."

" Donné en notre Grand Confeil, le 4 Août 1794."
" Chancellerie de Berne."

Ce Mandement paternel a eu, fur le pays de Vaud, tou l'effet qu'on avait droit d'en attendre. Ceux de fes habitans qui commençaient à être travaillés, avec quelque fuccès, par les mêmes émiffaires que Genève, ont avoué avec candeur que cette ville venait de leur offrir, à temps, une leçon terrible & falutaire, dont ils fauraient profiter.

Mais fes oppreffeurs, loin de reculer dans leur car-rière, ont commencé à en annoncer le cours futur en interdifant, pour une année, toute efpèce de deuil, fous prétexte d'économie ; enfuite en baiffant l'intérêt de l'argent, & en annullant tous les baux à louage, afin d'indemnifer les pauvres, & d'atteindre tous les pro-priétaires dont on ne confifquerait pas les maifons. En même temps, pour tirer parti de la terreur qu'in-fpirait encore l'indécifion du fort des autres pri-fonniers, ils ont renouvellé leurs vifites domiciliaires, n'ont laiffé à chaque individu que douze onces de vaiffelle, & ont achevé de dépouiller ceux qui efpè-rent fauver leur vie en indiquant & livrant leur for-tune. Parce que les Français avaient confifqué les biens de ceux des Emigrés qui s'armaient contre la nouvelle République, leurs imitateurs ont, fous la même peine, fommé de comparaître la plupart des Genevois qui s'étaient trouvés abfens pendant cette tragédie; & ils ont ordonné en outre à toute perfonne, dont la fortune excède 20,000 livres tournois de ca-pital, d'avoir à la leur déclarer dans huit jours, pour être taxée en raifon de fes moyens & de fon patrio-tifme. Enfin, ils ont couronné ces opérations préala-

4   bles

bles en transformant les temples en clubs, en rédui-
fant le culte religieux à un très-petit nombre de fervices, & en autorifant expreffément le mariage & le
Sacrement du Baptême, par l'intervention des officiers
civils.

Les efprits ainfi préparés, & ayant effayé fur eux
fon autorité en ordonnant la délation de tous propos
qui manifefteraient fur les jugemens révolutionnaires,
une fenfibilité qu'il menaçait de punir révolution-
nairement ; le Tribunal a repris le glaive judiciaire
qu'il n'avait fufpendu que pour mieux juger fi les
Genevois pourraient s'accoutumer au fang. Après
avoir banni quelques foldats de la garnifon, qui avaient
eu le noble courage de refufer leur miniftère pour
fufiller les fept premières victimes, il en a envoyé fucceffivement à la mort quatre autres, dont trois étaient
d'anciens Magiftrats. L'un d'entr'elles, M. *Naville*,
diftingué par de grands talens, fe défendit avec une
telle force, que l'un des Juges, en prononçant fa condamnation, lui dit : *J'ai deux confciences, dont l'une*
t'abfout comme innocent, & l'autre te condamne pour
fauver la République.—Elle perdra en moi *un grand ci-*
toyen, répliqua froidement le Magiftrat ; & ce mot
fingulier, hardi, & qui peint fon ame, était profondément vrai.

Puis, lorfque le Tribunal de fang lui eut appris
fon fort: *Et moi, s'écria-t-il, je vais, à mon tour, vous*
prononcer celui qui vous attend, vous & tous vos com-
plices. Enrichis par le pillage, & devenus les maîtres
abfolus de l'Etat, n'efpérez pas jouir paifiblement du

H

fruit de vos forfaits. Tous les freins que vous avez détruits pour arriver au despotisme se trouveront aussi détruits pour vous : des factions nouvelles se formeront an milieu de votre faction: vouz lutterez sans cesse les uns contre les autres pour vous arracher l'autorité. Vous vous êtes unis comme des tigres pour atteindre votre proie ; comme eux, vous vous livrerez des combats sanglans pour la dévorer. Vous vengerez ainsi vous-mêmes les mânes de vos victimes ; mais elles auront terminé leurs jours avec la consolation d'une conscience pure qui élance l'ame à son créateur ; & vous, vous mourrez la rage dans le cœur ; votre supplice sera précédé des idées les plus déchirantes ; vous serez désespérés de vous être souillés du sang de l'innocence, & de tomber dans l'abyme que vous aurez creusé de vos propres mains. Vous mourrez sans oser lever les yeux vers le ciel.(1)

---

(1) On a publié en Suisse le discours éloquent qu'il prononça en public devant ses Juges, & qui arracha alternativement aux galeries, des cris d'admiration, & des cris de mort. En voici quelques fragmens, qui suffiront pour faire apprécier l'ame & les talens de ce Magistrat Républicain.

" Qui êtes-vous, pour prétendre avoir le droit de me juger ?" dit-il au Tribunal qui le fit traduire devant lui—" Je ne vois ici que " des usurpateurs. Après la destruction de l'autorité légitime des " Magistrats de 1792, vous aviez créé d'autres loix, d'autres fonc" tions publiques ; & vous-mêmes, vous venez de briser encore " ce nouvel ordre politique, pour vous asseoir sur un Tribunal de " proscription, déjà souillé de plusieurs assassinats.—Soutiendrez" vous que vous agissez en vertu de la souveraineté du peuple ? " Mais si vous le considériez comme souverain, n'auriez-vous pas " eu la précaution de convoquer tous les habitans du territoire, sans " distinction de parti & d'opinion ? Si vous étiez les organes de

Cependant l'estime dont il jouissait était si universelle, que bien que les révolutionnaires eussent renoncé
au droit de juger en dernier ressort, qu'ils s'étaient
précédemment réservé, ils s'assemblèrent immédiatement, dans l'intention évidente de le sauver. Pour
arrêter le cours de ces délibérations qui se pro-
longaient fort avant dans la nuit, & qui tendaient
toutes à un sursis, le Tribunal trouva le secret de
disperser ces Clubs, en donnant à leurs députés parole
d'honneur qu'il n'y aurait point d'exécution cette nuit-
là; puis paraissant toujours fort alarmé du danger d'exposer la République au choc intestin dont il disait
qu'elle était menacée, il imagina de se donner l'air

" la véritable volonté de ce peuple, n'auriez-vous pas écarté de
" cette assemblée tous les moyens de terreur que vous employez
" pour nuire à la liberté de ses vœux ?

" Gardez-vous de croire que je vienne m'avilir ici jusqu'à vou-
" loir vous fléchir. Je sais que ma mort est décidée d'avance, &
" vous savez que je hais trop vivement l'injustice pour ne pas mé-
" riter le triste, mais honorable sort des Magistrats que vous avez
" déjà fait périr. Cependant, pour prouver à toute l'Europe la
" profonde iniquité de vos jugemens, je déclare ici devant Dieu,
" que depuis la destruction du Gouvernement de 1792, j'ai vécu
" dans la retraite ; que convaincu de l'inutilité de mes efforts pour
" rétablir l'empire des véritables loix, je suis resté soumis à celles
" que vous aviez faites ; & que, concentrant dans mon ame un
" genre de liberté qu'il n'était pas en votre pouvoir de me ravir,
" j'ai supporté l'esclavage que vous m'aviez imposé ; contraint de
" voir, sans murmurer, l'impunité & le triomphe du crime. La
" pensée que je vais cesser d'en être le témoin, adoucit l'amertume
" de ma cruelle séparation de mon épouse & de mes enfans, dont
" le sort reste dans les mains de la Providence, mais qui,
" du moins, n'auront jamais à rougir de m'avoir appartenu."
&c, &c. &c.

d'avoir été forcé, & livra fur-le-champ le nouveau martyr aux atroces fatellites qui vinrent le lui arracher. Ceux-ci le conduifirent en fecret fur un nouveau lieu de fupplice, où ils le fufillèrent avec l'ancien Syndic *Fatio*.(1)

D'immenfes facrifices pécuniaires ont fauvé la vie à plufieurs autres victimes, qui paraiffaient dévouées au même fort ;(2) & les pouvoirs du Tribunal s'étant

_____

(1) Les deux autres, *Audeoud & Delorme*, furent exécutés à-peu-près à la même époque ; en forte que ce premier acte de la révolution coûta la vie à onze perfonnes, *Cayla, Prevoft, Derochemont, De Combes, Vivien, Chenaud, Munier, Naville, Fatio, Audeoud, & Delorme.*

(2) Comme il arrive prefque toujours en pareil cas, quelques individus, les plus couverts par le cri de mort, y ont échappé, tandis que la fureur du peuple eft tombée fur ceux qu'elle avait d'abord paru défigner le moins. L'un des Juges, devenu tout-à-coup favorable à *Bellami*, l'une des victimes les plus marquées, ouvrit en public l'avis de fa grace par ces mots : *Si le bon Dieu m'avait dit ce matin, tu feras grace à cet Ariftocrate ; je lui aurais répondu, Bon Dieu ! tu en as menti ! Cependant, vû fa défenfe, je lui fais grace de la vie.* Un autre Juge termina fon avis par ces mots : *On nous dit, il eft vrai, que cet accufé a des vertus domeftiques ; mais Naville en avait auffi. Je l'ai condamné à la mort. Que ce dernier y marche comme lui.* Il ne fut condamné qu'à la confifcation & à l'exil. Telle eft l'extrême incertitude des chofes humaines, dans toute révolution de ce genre, que *Naville*, avant d'aller devant le Tribunal où il était traduit, embraffa tendrement ce prifonnier, à qui le cri public femblait réferver un fort plus fatal que le fien ; il lui promit même de prendre foin de fa famille ; cependant *Naville* périt, & *Bellami* fut fauvé, quoique l'un de fes Juges lui fît un crime digne de mort d'avoir époufé une femme riche, & termina le tableau de fes accufations par ces mots remarquables : *Mais qu'eft-il befoin de te chercher des crimes ? Tu as été Miniftre ; & qui dit Miniftre, dit l'amas de la turpitude, celui de la perfidie, & l'enfemble de tous les crimes.*

enfin trouvés expirés, il a été forcé de terminer, le 10 du courant, fa fanglante feffion : mais ce n'a été qu'après avoir frappé, des jugemens fuivans, les cinq cents & huit prifonniers.

37, condamnés à mort & à la confifcation de leurs biens, dont 26 par contumace.

94, à l'exil perpétuel & à la confifcation.

4, à des exils à divers termes.

264, à la détention domeftique à divers termes.

10, à la réclufion perpétuelle dans la maifon de force.

7, à la même réclufion à divers termes.

71, ont été ou caffés de leurs fonctions, ou renvoyés avec cenfure.

21, ont été déclarés innocens, deux defquels feulement ont obtenu des indemnités.

508

Voilà le peuple enfin vengé, lui annonça le Tribunal, en publiant cette lifte de fes fanglantes opérations. Son *compte rendu* débutait par ces mots non moins naïfs que remarquables : *Entrés dans une carrière auffi pénible qu'importante, les membres du Tribunal n'ont eu pour bafe aucune règle quelconque, aucune loi particulière, aucune organifation.* Il fe terminait par ceux-ci, qui ne le font pas moins. " La patrie veut qu'à
" cette révolution toutes les vertus fe déploient, &
" que la moralité règne dans toutes les actions de la
" vie des citoyens, tant en particulier qu'en public ;
" elle veut une régénération complète..... En vain
" vous aurez comprimé l'abus des richeffes, fi vous

" né proclamez la juftice, la probité & là vertu, ñon
" par des paroles, mais par des faits & de bons
" exemples; vous reverriez paraître tôt ou tard les
" corrupteurs & les corrompus." &c. &c.

Quand l'hypocrifie du patriotifme fe réunit à tant de crimes, quelle efpérance peut-on concevoir de la poffibilité d'un retour à l'humanité & à la juftice, chez des hommes qui les invoquent ainfi avec ferveur en les foulant aux pieds ? Hélas ! le feul & dernier rayon d'efpoir pour les infortunés Genevois, c'eft que le mémorable exemple de la chûte de Roberfpierre pourra forcer à des réflexions férieufes, ceux qui avaient afpiré à marcher fur fes traces à Genève, la veille même de fa cataftrophe à Paris.

Quoi qu'il puiffe arriver, Genève eft déjà une ville abfolument nouvelle, qui repofe fur le fol de l'ancienne : elle ne préfente plus que le fpectacle du pillage, de la défolation, & de tous les crimes révolutionnaires. Voilà cependant, Monfieur, ce qu'un premier pas vers la nouvelle doctrine a pu faire en fi peu de temps, d'une peuplade qui, dans le cours des diffentions civiles les plus actives, avait toujours confervé le refpect des propriétés, & l'horreur de l'effufion du fang !

Comment rendre compte d'une dégénération auffi complette, & cependant fi rapide, dans l'efprit public d'un peuple fage, froid, moral, & accoutumé depuis long-temps aux jouiffances de la liberté, ainfi qu'à fes débats ? Comment ce même peuple, qui, dix-huit mois auparavant, venait de fignaler fon patriotifme de manière à s'attirer l'admiration de l'Europe, a-t-il pu tout-à-coup réfigner à l'influence Françaife fes antiques loix, (qui avaient jufques-là furvécu à tant de paffions & à tant de chocs) toutes fes affections, toute fa moralité, & cet efprit public qui avait fait confidérer fa patrie comme un féminaire de talens & de vertus ?....Sans doute, l'un des premiers devoirs de l'hiftorien des Révolutions de Genève, fera, en écrivant celle-ci, de chercher à tracer la fource & les progrès de cette inconcevable dégénération : mais vû les bornes que m'impofe ici la rapidité de cette lettre, je me bornerai à imputer fur-tout cette dégénération à l'inftitution la plus déforganifatrice de la révolution Françaife ; celle qui attacha finalement la refponfabilité où n'était plus le pouvoir, en faifant tomber peu à peu le pouvoir là où n'était pas la refponfabilité. Je m'explique ; car ce développement pourra ne point être inutile aux Américains, fi jamais ils font appelés à difcuter ou à réfoudre la grande queftion de la convenance ou des dangers des fociétés populaires affiliées.

Cicéron attribuait la longue exiftence de la République Romaine, à l'inftitution même des *Tribuns*, qui femblèrent fi fouvent la mettre en danger, mais qui, appelés à furveiller les ufurpations du Sénat, ne l'étaient pas moins à arrêter le parti populaire dans fes écarts, dont leur magiftrature même les rendait refponfables, parce qu'elle les créait fes Chefs. Il n'y a pas une des nombreufes révolutions de Genève qui n'attefte la vérité de cette obfervation. En effet, fi au milieu des victoires alternatives des partis qui l'agitèrent, les propriétés & les perfonnes

furent religieusement respectées; si l'ordre social n'y
fut jamais interverti, ni même suspendu; enfin, si
l'esprit public s'y maintint, c'est que ces partis eurent
constamment des chefs reconnus, dont l'autorité &
la responsabilité duraient autant que le procès politique dont ils avaient été nommés les défenseurs. Si
même pendant les six premiers mois qui suivirent la
révolution, ou plutôt l'usurpation de 1792, ses chefs,
comme on l'a vu, se montrèrent en général modérés,
c'est qu'ils étaient encore tout à la fois conducteurs
& responsables. Mais lorsqu'à cette époque ceux
de leurs subalternes qui n'avaient réussi à se faire
introduire ni dans l'Administration, ni dans la Convention, imitèrent, pour s'en dédommager, les Jacobins
de Paris, c'est-à-dire lorsqu'ils réunirent leurs Clubs
égrenés en un *Club Central*, présidé par un Chef tellement amovible qu'il était hebdomadaire, la République fut bouleversée, & sa destinée tomba sans
retour entre les mains d'une populace sans frein, parce
qu'elle était sans chefs, ou ce qui revient au même,
parce qu'elle n'eut plus que des chefs passagers, &
par conséquent irresponsables.

Cependant les nouveaux administrateurs ne soup-
çonnèrent l'importance ou les dangers de ce *Club
Central* que lorsqu'il eut déjà réussi à faire succéder
à notre assemblée générale, & non délibérante, une
assemblée partielle & délibérante, dont chaque arrêté,
(la plupart pris par acclamation) était une espèce
d'ordre au Gouvernement ou à la Convention d'adopter
ou de rétracter telle ou telle mesure. Si l'exécution
de cet arrêté devenait funeste, l'orateur qui l'avait

propofé

proposé dans le Club, en était quitte pour rentrer dans la foule, tandis que le Gouvernement qui avait été obligé d'y souscrire en conservait toute la responsabilité.

Lassés d'un rôle aussi passif & aussi humiliant, les membres de ce gouvernement, du moins ceux qui regrettaient le plus le crédit populaire qui leur échappait, tentèrent enfin de prendre les rênes de ce Club qui avait déjà pris les rênes de l'Etat ; mais lorsqu'ils essayèrent de monter sur ce nouveau théâtre, les premères places y étaient prises, ou l'esprit public y était déjà tellement perverti, qu'ils ne purent s'y faire écouter qu'en y déclamant eux-mêmes à l'envi contre le *modérantisme* du Gouvernement ou de la Convention. Bientôt ils s'y surpassèrent les uns les autres, en y jetant en avant les propositions les plus extravagantes, en semant de sourdes alarmes sur les projets de l'Aristocratie qu'il fallait surveiller, disaient-ils, & en proposant des innovations, qui, à les entendre, devaient ramener l'âge d'or dans Genève.

De cette nouvelle espèce de Clubocratie organisée dans la Démocratie même, & où malheureusement les jeunes gens non majeurs réussirent pour la première fois à prendre place, résulta en définitive l'habitude de l'oisiveté, un grand surcroît de misère, une continuation d'ivresse de parti, & une instabilité universelle dans tous les principes moraux & politiques. L'ardeur plus active des jeunes gens ne tarda pas à leur donner un ascendant marqué sur les personnes d'un âge mur ; & comme l'esprit de parti leur fournit mille prétextes pour braver l'autorité paternelle, ce

tribunal domeftique des mœurs qui aurait pu fuppléer en quelque manière à la décadence des loix,
s'écroula avec elles. Pour comble de maux, l'influence
de ce Club fut fi univerfelle & fi deftructive, que dès
qu'on mit en action la nouvelle inftitution des jurés,
il ne s'en trouva pas un feul qui ofât déclarer aucun
des membres du Club coupable d'un délit quelconque,
quelque conftaté qu'il fût, & quelque importance que
pût mettre l'Adminiftration à en pourfuivre le châtiment. Il était d'autant plus aifé de comprendre que
l'impunité des petits crimes en provoquerait inévitablement de plus grands, que le Club Central triom-
phait de cette impunité même, & qu'il tombait peu
à peu exclufivement dans les mains d'un petit nombre
d'orateurs actifs, en fous-ordre, chargés de dettes, &
qui ne s'effaçaient les uns les autres que par la violence
de leurs motions.

Telles étaient les dernières rivalités de cette affemblée, lorfque *Boufquet* comprit à Paris qu'elle était
mûre pour l'adoption de fes grands projets, & qu'il
lui ferait aifé d'y dominer tous fes rivaux, par l'audace & l'atrocité même de la confpiration qu'il y
propoferait. On a vu qu'il eut foin cependant d'y
préparer les efprits, en faifant accufer fes victimes
d'une confpiration contre-révolutionaire, dont il s'en-
gagea à donner des preuves en temps & lieu, &
qu'alors, fous prétexte de devancer cette confpiration,
il réuffit à y faire adopter lafienne, c'eft-à dire à
renverfer l'Etat fans retour.

Sa marche n'eft autre chofe, après tout, que celle
des Jacobins de Paris ; & par fes réfultats tant en

France qu'à Genève, le lecteur peut prononcer, si le principe le plus conservateur des Etats libres, n'est pas la précaution de *ne jamais attacher le pouvoir que là où est la responsabilité.*

Telles ont été pour Genève les suites désastreuses de la violation de ce principe conservateur, que le seul trait national auquel on puisse reconnaître encore ses habitans, c'est à la réunion de tous les partis pour la conserver indépendante de la France. Sans doute qu'il est plus commode à ceux qui y dominent, de faire la guerre à des compatriotes désarmés, que d'aller combattre sur l'Océan, sur le Rhin, ou aux Pyrénées : mais quand ils auront tout pillé, & dilapidé tous leurs pillages, que leur restera-t-il à faire, que de se vendre à la France ?

Si cet affligeant tableau vous a paru long, Monsieur, combien n'a-t-il pas dû le paraître davantage au Genevois qui vient de vous le tracer ! Je ne sais même si j'aurais eu la force de remplir cette pénible tâche, sans un motif bien pressant qui m'anime. J'apprends dans ce moment que plusieurs de mes infortunés compatriotes ont pris la courageuse résolution d'aller chercher en Amérique la paix & la liberté bannies de leur patrie. Je viens au nom de la liberté persécutée, vous conjurer d'aider ces infortunés de vos conseils, de votre appui, & de les recommander à l'hospitalité généreuse de vos compatriotes. J'ose vous garantir qu'en retour de l'asyle qu'ils en recevront, ceux des miens qui vont s'associer à eux, leur porteront tout ce que les Américains estiment le plus ; des mœurs républicaines, l'amour de la liberté éclairée, toutes les habitudes de l'égalité devant la loi, le refpect de la religion, celui des autorités légitimes, & des propriétés; mais fur toutes chofes, l'affreufe expérience de tous les maux qu'entraînent après elles l'influence des étrangers, & la première violation des formes conftitutionnelles, protectrices facrées de la liberté.

J'ai l'honneur d'être, &c.

Londres, 23 Septembre.

Monsieur,

LA Révolution de Genève femble prendre une tournure moins violente. Peut-être doit-on ces premiers fymptômes de douceur aux pas rétrogrades que les Français annoncent vers l'humanité; peut-être auffi faut-il les attribuer au caractère Genevois, qui peut avoir repris fes droits. Quoi qu'il en foit, le peuple commence à être en prife aux remords, & même à avouer fes regrets d'avoir imité & dépaffé les Français.

En effet, fous un rapport, mais fous un feul, les Genevois font reftés en arrière de ces derniers, puifque, fur 508 victimes, il ne s'eft trouvé qu'une feule femme qui a été condamnée à la réclufion perpétuelle pour avoir accordé des fecours, & fait paffer des lettres à des émigrés Français : encore eft-il vraifemblable que cette condamnation a été forcée par les inftances du Réfident de France.

Sous tous les autres rapports les Révolutionnaires Genevois ont furpaffé leurs modèles. C'eft ainfi par exemple qu'on a vu, dit-on, l'un des membres du Tribunal exécuter & fufiller lui-même les infortunés Magiftrats qu'il venait de condamner. C'eft ainfi que lorfque l'un des Magiftrats porté fur la lifte des émigrés fe préfenta en perfonne, pour repréfenter qu'il n'avait point quitté la République, on lui répondit froidement que s'il n'était pas émigré, il aurait dû l'être. C'eft ainfi enfin que les Juges du Syndic *Cayla* eurent l'impudeur de placer à la tête de fes accufations, les immenfes aumônes que ce vertueux Magiftrat avait fait diftribuer de tout temps à la claffe des pauvres, dans l'intention, lui imputait-on, de la corrompre. Il n'eft que trop vrai qu'il avait mal placé fes bienfaits, puifqu'il les avait verfés fans relâche fur la claffe même qui a demandé à grands cris fa mort, & qui l'a obtenue. Elle femble fe la reprocher aujourd'hui ; mais il a fallu un événement étranger & inattendu, pour la forcer à ce prompt retour fur elle-même.

Vous vous rappelez, Monfieur, que la fubverfion du 18 Juillet avait été, finon méditée, du moins exécutée par les clubs des Marfeillois & des Montagnards. Ces Clubs, compofés de la dernière claffe de notre peuple, & où étaient admis beaucoup d'étrangers, ne pouvaient être que les grenadiers, & non les directeurs d'une pareille fubverfion. Auffi, dès qu'elle eut été accomplie, les principaux membres du Gouvernement fe hatèrent-ils de s'y affocier ouvertement, foit pour y échapper, foit pour en conferver les pillages, ou en recueillir les fruits, foit enfin pour en arracher les rênes au Réfident de France : il en était temps ; car celui-ci, en excitant les montagnards, s'était flatté de les gouverner exclufivement, & par leur moyen d'amener la petite République à demander fa réunion à la grande.

Quand Soulavie vit que les Syndics Révolutionnaires lui enlevaient cet espoir, il leur déclara une
guerre ouverte. Mais ici survint un événement qui
lui ôta sa plus grande force, la catastrophe de Robes-
pierre, dont il était la créature. Cette catastrophe
inopinée laissant entrevoir tout à coup aux Syndics la perspective de renverser ce rival, (1) ils

---

(1) Cet événément inattendu leur donna enfin le courage & la
force dont ils avaient besoin pour dévoiler ce Ministre étranger.
Dès le lendemain du jour auquel ils reçurent la nouvelle de la catastrophe de son protecteur, ils répliquèrent à une note violente où
Soulavie les avait expressément accusés d'être les ennemis de la
France, & ne les avait menacés de rien moins que *d'armer* contr'eux le peuple des environs. Cette réponse curieuse, qui présente une récapitulation très-énergique de toutes les intrigues de
ce Ministre, mérite de trouver place ici comme faisant époque dans
le nouveau style diplomatique des révolutions.

" Citoyen Résident,'' lui répliquèrent-ils, " les Syndics &
" Conseil de la République de Genève ne se sont jamais mépris
" sur la nature de vos dispositions à l'égard de la République & de
" son gouvernment. Depuis long-temps, ils vous voient suivre,
" sans varier, un plan qui tend directement à compromettre l'un
" & l'autre avec la République Française. Par esprit de paix, par
" respect pour le caractère public dont vous êtes revêtu, ils ont
" comprimé les sentimens pénibles qu'ils éprouvaient, ils ont
" gardé le silence. Mais aujourd'hui que vous ne le respectez
" plus vous-même ce caractère, que vous vous affranchissez de
" toute espèce d'égards envers les Magistrats d'un peuple indé-
" pendant, ils ne peuvent plus dissimuler les sentimens que leur
" inspire l'étrange conduite que vous tenez avec eux. Ils doivent
" repousser les procédés vraiment hostiles dont ils sont depuis long-
" temps l'objet.....

" Nous n'entreprendons pas l'énumération de tous les griefs
" que nous avons à articuler contre vous. Le moment viendra
" de les déduire auprès de ceux qui sont assez justes & assez

le dénoncèrent fans ménagement à la France, & ils
obtinrent contre lui le concours de tous les Genevois
qui voulaient fauver l'indépendance de leur patrie.

Soulavie fit alors un dernier effort pour agiter de
nouveau la faction des Montagnards & des Marfeillois, qui lui échappait. Il n'eut pas de peine à les
foulever : le foudoiement des Révolutionnaires qui
n'avait

" puiffans pour nous rendre juftice ; nous nous bornerons à faire
" quelques obfervations fur votre *note* du 11 Thermidor, &
" fur l'efprit qui a préfidé à fa rédaction. Elle prouvera, cette
" *note*, combien peu vous êtes fcrupuleux fur le choix des moyens,
" quand il s'agit de rendre les Genevois odieux aux Français.
" Vous tronquez les faits, vous dénaturez les circonftances, vous
" ufez de réticences telles que ce que vous donnez à entendre eft
" pire que ce que vous énoncez, &c....Et c'eft au moment où les
" vrais amis de la liberté & de l'égalité fe lèvent pour anéantir
" l'ariftocratie, que vous fuppofez aux Genevois des vues hoftiles
" contre la République Françaife ! Eh, quel eft le citoyen de Ge-
" nève, s'il n'eft pas un traître à fa patrie, qui puiffe entrevoir
" quelque avantage à *fatiguer*, comme vous le dites, le peuple des
" environs, à *l'animer*, à *l'armer* contre nous ? Nous vous le dirons
" fans détour, Citoyen Réfident, ce font les tournures infidieufes
" que vous vous efforcez de donner aux événemens, qui font vrai-
" ment faites pour animer contre nous le peuple des environs, &
" nous compromettre avec lui. Eft-ce donc pour une telle œuvre
" que vous avez été envoyé au milieu de nous ? La nation Fran-
" çaife a mis à l'ordre du jour la juftice & la probité ; & vous,
" qui êtes fon repréfentant, vous falfifiez les faits pour nous im-
" puter des torts !....La nation Françaife veut fraternifer avec
" tous les peuples libres ; & vous, vous abufez de l'influence at-
" tachée à votre place, pour compromettre avec votre nation le
" feul peuple qui ait adopté fes principes ! Nous favons que le
" Comité de Salut Public ne refufera pas de nous écouter, qu'il
" ne jugera pas une nation toute entière fans l'entendre, & que

n'avait été décrété que pour trois femaines, & qui coûtait environ 300 louis par jour à l'Etat, venait de ceffer. Ces deux Clubs jetèrent d'abord de fourdes clameurs, & demandèrent bientôt une nouvelle folde, par conféquent une nouvelle Révolution. On les avait flattés, difaient-ils, que lorfque la répartition des biens ferait faite, chaque patriote y aurait trouvé un petit patrimoine fuffifant pour vivre. Ils voyaient avec irritation leurs pillages diffipés en même temps que conquis; & comme les fuperbes campagnes, ainfi que les belles maifons de la ville qu'on avait confifquées, ne pouvaient ni fe louer ni fe vendre, ils en follicitaient le morcellement & le partage. D'un autre côté, loin de fe joindre à la maffe des révolutionnaires pour blâmer la conduite & les vues du Réfident de France, ils fréquentaient affidûment fon hôtel, époufaient fes querelles contre les membres les plus accrédités de leur propre Gouvernement, en imputaient les principaux torts à ce dernier, & lui de-

---

" nous aurons de grandes vérités à dire.—Ne croyez donc pas,
" Citoyen Réfident, nous avoir fait une menace; vous nouz avez
" feulement annoncé un terme après lequel nous foupirions, celui
" des tracafferies donc nous fommes l'objet.—Citoyen Réfident,
" nous venons de vous parler avec le ton des hommes libres;
" nous venons de vous dire de dures vérités. Si notre langage
" vous offenfe, vos provocations réitérées nous juftifieront auprès
" de ceux qui font quelque cas de la franchife & de la fermeté.
" Nous vous prévenons, Citoyen Réfident, que nous envoyons
" votre note & notre réponfe au Comité de Salut Public,"&c. &c.
Genève, le 5 Août, l'an 3e de l'égalité Genevoife.

Pour les Syndics & Confeil,

Signé DIDIER.

K

mandaient *la cause d'une mésintelligence qui était*, disaient-ils, *trop préjudiciable à la nation pour n'être pas
connue.*

Mécontens de leur nouvelle révolution, parce
qu'elle n'avoit pas associé Genève à la France, ils
n'osaient point encore la blâmer expressément sous ce
rapport ; mais ils annonçaient qu'elle n'avait point
suffisamment satisfait la vengeance nationale : ils pro-
posaient que le Tribunal Révolutionnaire reprît ses
terribles fonctions pour faire encore justice de 5 à
600 citoyens épargnés & suspects ; enfin, ils en
vinrent par degrés jusqu'à désigner parmi ces nouvelles victimes ceux des révolutionnaires qui paraîs-
saient les plus attachés à l'indépendance, & entr'autres
ceux que *Soulavie* leur dénonçait comme ses ennemis,
c'est-à-dire plusieurs membres du Gouvernement Constitutionnel, qu'il appelait *Temporiseurs, Modérantistes.*
Le parti Montagnard avait d'ailleurs des griefs par-
ticuliers contre ces derniers ; car cette masse indisci-
plinable s'était souvent & sérieusement trouvée aux
prises avec eux, toutes les fois que, dans son impatience,
elle avait voulu accélérer la seconde révolution avant
que l'arrivée de Bousquet eut annoncé à ses associés
intimes que le moment de la commencer était venu.

A ces menaces qui lui devenaient personnelles, le
Gouvernement, quoique suspendu, se réveilla, &
retrouvant bientôt toute l'énergie & toute l'autorité
dont il s'était prétendu privé le 18 Juillet, il con-
voqua immédiatement les autres clubs révolutionnaires, où l'un de ses défenseurs produisit une impression profonde, par un discours qui renferme des

àveux trop naïfs pour ne pas en donner ici quelques fragmens.

" Je foutiens," dit cet orateur révolutionnaire, " que la propofition d'élire un nouveau Tribunal ne " peut avoir été fuggérée que par un ennemi de notre " indépendance, & accueillie que par des gens égarés, " ou des êtres défœuvrés, qui n'ayant pas le cou- " rage de retourner à leurs occupations, préfument, " avec raifon, l'obligation où l'on ferait de continuer " la paie nationale, dès l'inftant que toutes chofes " feraient arrêtées. Car qui peut alléguer encore, " fans rougir, ou de fon ignorance, ou de fes inten- " tions, des craintes fur l'Ariftocratie Genevoife ? Etre " éphémère, écrafé fous la perte de fa fortune & fous " les décombres immenfes de la Monarchie Fran- " çaife, fans moyen de force au dedans, fans reffources " au dehors, &c. &c.

" La France vient de mettre la juftice à l'ordre du " jour ; & Genève, qui ne devrait préfenter qu'une " ville de frères, renferme des hommes qui ne font " pas encore raffafiés de victimes, & qui demandent " une feconde érection d'un Tribunal Révolutionnaire, " qui jugerait arbitrairement, & proménerait fon glaive " fur toutes les têtes ! Ne fentez-vous pas, citoyens, les " dangers que nous courrons, fi les Puiffances refpec- " tables qui nous avoifinent, & dont nous dé- " pendons pour nos fubfiftances & pour notre com- " merce, fortement aigries par la répétition des " fcènes, qu'elles ont déjà marqués du fceau de leur " défapprobation, frappent enfin d'anathême notre

" patrie ? Alors Genève, la patrie de Rouffeau, Ge-
" nève, qui avait mérité l'eftime & la confidération
" de toute l'Europe, par la modération que fes ci-
" toyens avaient toujours mis dans leurs querelles
" inteftines, par leurs mœurs, leur religion, leurs
" lumières & leurs talens, Genève difparaîtra pour
" jamais du catalogue des villes libres & indépen-
" dantes. Hâtcns-nous d'arrêter les fuites d'une fem-
" blable propofition." &c. &c.

Ce difcours, vivement applaud;, & de la plupart
de ceux qui avaient commencé la révolution, & de
tous ceux qui s'y étaient affociés en la déteftant, fut
imprimé par ordre des révolutionnaires, & rendit le
courage & la parole à tous les citoyens que la terreur
avait glacés & entraînés, jufqu'alors, à la fuite du
parti anarchifte. Ils réfolurent, 1°, de s'armer,
mais de ne plus recevoir de folde nationale ; 2°, de
reffufciter le Tribunal Révolutionnaire, pour pourfuivre, non plus les prétendus Ariftocrates, mais les
vrais agitateurs ; & entr'autres, pour approfondir
leur confpiration contre l'indépendance de l'Etat.

Toujours prudent dans les préparatifs de fes mefures
hoftiles, le parti révolutionnaire eut néanmoins la
précaution de ne point alarmer les Marfeillois, plus
nombreux, plus fanguinaires, que leurs auxiliaires les
Montagnards ; mais plus dociles que ces derniers,
moins étroitement liés au Réfident Français, & moins
fufpects d'en vouloir à l'indépendance. Réduit alors
à fes propres forces, ce parti Montagnard, auquel
le Tribunal avait feint de ne pouvoir pas réfifter
lorfqu'il lui demandait la mort des abfous, fe

3

laiffa environner, défarmer & incarcérer fans réfiftance.

Néanmoins le Tribunal, en reprenant fes fonctions,
femblait vouloir ménager ceux des accufés qui lui
avaient le plus fidèlement fervi de Janiffaires. Il cher-
chait même à détourner la vindicte publique de deffus
leurs têtes, en follicitant de nouvelles dénonciations
contre les propriétaires qui avaient échappé à fa
révolution, & qu'il en appelait encore les *incorrigibles
ennemis.* Mais cette fois les révolutionnaires ne furent
plus fes dupes ; & dès le lendemain, 25 Août, irrités
de fa marche équivoque, & de fes héfitations, ils lui
préfentèrent l'adreffe fuivante.

*Citoyens, deux mille cent & trente-cinq infurgés vous
ont ordonné, hier, de vous ériger en Tribunal Révolutionnaire, & de juger les coupables arrêtés le matin.
Qu'avez-vous fait ? rien. Nous fommes las de tant de
molleffe, & nous venons vous déclarer que fi, à midi,
vous ne commencez pas à juger les détenus, nous vous
rendrons refponfables des maux qui en réfulteront. Que
le premier de vos membres qui voudra paralyfer vos travaux, foit mis fur-le-champ en état d'arreftation : que
les montagnards foient défarmés : que l'adreffe trouvée
dans leurs papiers foit communiquée à tous vos concitoyens,
& que tous les agitateurs foient punis dans le jour.*

Signé GIRARD, Secrétaire.

En faififfant les Regiftres des Montagnards, on y
avait en effet découvert le projet d'une Adreffe, qui
fonnait le tocfin d'une troifième révolution, & qui
devait fufpendre ou anéantir l'autorité révolutionnaire

elle-même. Ils y prenaient, fans déguifement, le parti du Réfident de France, & *demandaient* expreffé-ment *fi les ennemis du peuple Français à Genève fe joue-raient encore long-temps de fa dignité.* Cette Adreffe, dont *Soulavie* était l'auteur,* ne tendait à rien moins qu'à plonger Genève dans de nouvelles convulfions, qui l'auraient inévitablement forcée à fe jeter dans les bras de la France ; quoique ce projet même foit conftamment repouffé dans ce mémoire comme une calomnie. On prétend qu'à l'aide d'un procédé chy-mique, on eft parvenu à en rétablir les fignatures effacées, & qu'on y a découvert, entr'autres, celle du Réfident. Au furplus, ce dernier s'eft trouvé fuffi-famment inculpé dans les aveux de tous ceux des montagnards fes complices, qui ont été pourfuivis & interrogés.

Pendant ces entrefaites, M. *Reybaz*, Miniftre de Genève en France, homme d'un vrai mérite, très-confidéré à Paris, (& que perfonne ne foupçonne d'applaudir aux crimes de fes nouveaux commettans, quoiqu'on fe foit étonné d'abord qu'il ait eu le cou-rage de ne point leur réfigner fes fonctions), informé de toutes ces manœuvres contre l'indépendance de Genève, a habilement profité de la chûte de Robe-

---

* On y trouve, entr'autres, ce paffage curieux : *En haine de fon amitié pour la France, le Club des Montagnards eft travaillé par les ennemis des Français. Ses membres font emprifonnés, calomniés, pour-fuivis par des mefures injuftes, morcelés, & divifés en d'autres Clubs.* PITT *tourmente de même l'Oppofition, favorable aux Français à Londres.*

fpierre, pour les déconcerter. Non-feulement il a engagé le Comité de Salut Public à défavouer, & à rappeler avec éclat le Réfident *Soulavie;* mais il a réuffi à obtenir de la Convention Fran-çaife, une reconnaiffance nouvelle & authentique de l'indépendance de Genève : on lui a même accordé tous les honneurs qu'on venait de décréter pour le Miniftre des Etats-Unis. En annonçant aux Gene-vois révolutionnaires ce brillant fuccès de fes travaux, il a eu foin d'infifter fortement, auprès d'eux, fur ce que le tableau de leur révolution, qu'ils avaient cru fans doute adreffer à Robefpierre, était arrivé à fes fucceffeurs, au moment même où ils venaient d'adopter un fyftême abfolument oppofé au fien ; fur ce que la France proclamait des mefures toutes nouvelles de juftice, d'humanité, & de douceur ; & fur ce qu'elle allait fe montrer non moins terrible contre les Anar-chiftes, que contre les Ariftocrates.

A ce changement de fcène, le Tribunal Genevois ne put plus héfiter à faire juftice des Montagnards. Quoiqu'on n'ait trouvé contre ce parti aucune preuve matérielle du complot qu'on lui imputait, de livrer la ville aux Français ; & quoiqu'il déclarât publique-ment à fes Juges, qu'il n'avait rien fait qu'ils n'euffent eux-mêmes provoqué, excité, & dirigé ; quatre de fes chefs ont été fucceffivement envoyés au fupplice, au milieu des acclamations de joie de cette même po-pulace, qui, fix femaines auparavant, s'était affociée à leur confpiration : & ces héros fubalternes de la nuit d'épouvante du 18 Juillet ont fubi la mort avec autant de lâcheté, que les Magiftrats immolés avant eux, l'avaient reçue avec calme & courage. Ainſi la petite révolution de Genève, que ces mêmes montagnards accuſaient de n'avoir été qu'*avortée*, fournit déjà, mais à leurs dépens, une preuve nouvelle de la grande vérité qu'a dit un fameux révolutionnaire Français, en marchant à la guillotine :* " *Que toute ré-* " *volution de ce genre ſera comme Saturne, & dévorera* " *elle-même ſes propres enfans.*"

Bouſquet, leur véritable chef, vit encore: mais il a déjà de triſtes preſſentimens de ſon ſort prochain. Ce Robeſpierre Genevois, qui n'a que les vices & non les talens de ſon modèle, & qui, comme lui, a régné quelques jours avec une autorité dictatoriale, n'a pas même ſu tenir, d'une main ferme, le gouvernail auquel il venait de s'aſſeoir. Afin de ſe retirer du Tribunal dont il affectait de déſapprouver les fureurs, il a eu l'adreſſe & la lâcheté de ſe faire nommer l'un des Commiſſaires qui attaquent les biens & non les vies. Couvert de toute la haine des opprimés, & menacé du mépris des oppreſſeurs, ce miſérable accomplit déjà, par l'obſcurité où il eſt prêt à retomber, les terribles prédictions que lui adreſſa, de Londres, l'un de ſes compatriotes, Mr. *Chauvet*, " Qu'il ne conſerverait une autorité extérieure qu'au prix des plus baſſes complaiſances ; & que l'alternative de laiſſer commettre un crime, pour en empêcher d'autres, allait être déſormais ſes prétextes, ou ſon partage. Dominateurs un jour, ceux qui renverſent les loix, lui écrivait-il, ſont dominés dès le lendemain,

* Danton.

main, & fe traînent à peine quelque temps entre la faibleffe & l'opprobre, jufqu'à ce qu'ils aient raffafié d'eux leurs rivaux & leurs fatellites." Cette lettre, du 15 Août, fe terminait par ces mots : " Je ne vous " dis pas que les crimes politiques ont toûjours creufé " le tombeau de ceux qui les commettent; qu'une " popularité, dégoûtante par fon objet, eft auffi " inconftante que méprifable. Je ne vous dis pas " que mille événemens peuvent changer l'ordre de " chofes qui vous favorife; mais je vous annonce que " le temps approche où vous envierez le fort des vic- " times que votre révolution a faites."

Du prompt châtiment que la juftice fuprême & vengereffe a déjà fait tomber fur la tête des révolutionnaires fubalternes, les Genevois attendent & efpèrent la cataftrophe prochaine des vrais coupables : ils en efpèrent auffi quelques adouciffemens à leur fort ; &, en particulier, quelques facilités de plus pour quitter ce réceptacle de crimes. Quelques-uns d'entr'eux ont déjà obtenu, à prix d'argent, que leurs emprifonnemens domeftiques fuffent commués en exil perpétuel. Et qui pourra s'étonner, qu'on achète, comme une faveur, le banniffement d'une patrie, dont toutes les pierres femblent maintenant teintes & fumantes de fang innocent ; d'une ville où l'on s'eft réuni pour le pillage, & où l'on fe divifera bientôt pour le partager ; d'une ville où la populace pille pour être foldée, & eft foldée pour continuer à piller ; d'une ville où les poffeffeurs légitimes ont été ruinés, fans que les fpoliateurs y aient rien gagné, ni qu'ils foient encore raffafiés ; d'une ville dont les anciens

L

habitans fe font laiffés dominer, intimider, & pour ainfi dire férocifer par une poignée d'étrangers ;(1) d'une ville qui vient de fubir toute efpèce de dégradations, où le crime marche à tête levée, & dont la religion pure, & fes refpectables Miniftres, font en proie à une perfécution inexorable & fingereffe ; d'une ville où ceux qui ont été victimes font bien moins à plaindre que les honnêtes gens qui en ont été les témoins, & dont le fort n'eft peut-être que fufpendu ; d'une ville qui va fe trouver preffée par l'indigence oifeufe & falariée,

___

(1) C'eft là, je le fens, une apologie bien humiliante à faire des Genevois. Il n'en eft pas moins vrai, cependant, que non-feulement le branle irréfiftible de cette révolution leur a été donné par la France, mais que la plupart des horreurs de détail que vient de préfenter Genève, y ont été commifes par des étrangers, principalement par des Français (rebut des diftricts voifins, dont cette ville, par fa fituation, était devenue l'égoût) & à plufieurs defquels l'égalité politique proclamée en 1792 avait accordé les droits de *citoyens*. Si cette dernière révolution de Genève avait été l'ouvrage de la pluralité de fes propres habitans, pourquoi ceux d'entr'eux qui y ont trempé, & qui l'ont dirigée, fe feraient-ils fi foigneufement abftenus de convoquer, comme autrefois, l'Affemblée du peuple ? Pourquoi fe feraient-ils hâtés de la détrôner, & de faire paffer, provifoirement, tous fes pouvoirs à des Comités très-refferrés ? Certes, les Genevois ont fans doute de grands reproches à fe faire ; & cependant, quel eft le peuple qui puiffe dire, après avoir lu ce tableau : " Si nous avions été comme eux faibles, ifolés, entièrement enveloppés dans le territoire de la France, conftamment travaillés par elle, expofés d'abord à fes attaques ouvertes, puis à fes intrigues, tantôt ouvertes, tantôt cachees, nous aurions fû trouver le fecret d'échapper à fon bras de fer, & de nous fouftraire à l'horrible fentence qu'elle avait prononcée contr'eux, & qu'ils viennent de fubir ?"

entre l'humiliation des offenfés & l'arrogance des offenfeurs ; entre la famine, la difcorde, les haines, & les vengeances ; d'une ville enfin, où la liberté a été à jamais flétrie, & où ceux même qui gémiffent le plus fur la carrière défaftreufe dans laquelle ils fe font laiffés entraîner, n'entrevoient, pour en fortir, qu'un précipice plus affreux encore ? En effet, lors même que la majorité d'entr'eux, quoique défarmée, réuffirait, par quelque noble coup de défefpoir, à fe délivrer du joug révolutionnaire, les armées Francaifes qui les environnent de toutes parts ne manqueraient pas d'accourir pour venger les oppreffeurs, & pour dévouer les opprimés au fort des Lyonnais.

Cette ville, autrefois fi intéreffante, eft perdue peut-être fans reffource pour la religion, pour la moralité, pour les fciences, pour les arts, pour le commerce, & fur-tout pour la liberté. Tous les moyens de paix, de bonheur & de profpérité, y font évanouis pour la génération préfente ; ou du moins fes convulfions ne peuvent plus avoir d'autre terme que celles de la France. Elle aurait pu cependant en refter témoin muet comme le refte de la Suiffe ; mais dès qu'elle a eu la criminelle imprudence de s'y laiffer attacher indiffolublement, elle eft condamnée à en fuivre toutes les impulfions, & à en reffentir, plus ou moins, tous les chocs ; car la chûte des montagnards Genevois n'eft évidemment que le contre-coup de celle des partifans de Robefpierre en France. Cette dernière Puiffance eft maintenant l'unique allié qui refte à la faible Genève. Elle le perdrait & l'irriterait fans retour, fi ceux même de fes citoyens égarés tentaient, comme ils femblent le défirer déjà, de revenir aux loix fages & à la liberté tempérée qu'ils ont laiffé immoler, depuis deux ans, fur l'autel de la doctrine révolutionnaire.

Facilis defcenfus Averni ;
Sed revocare gradum, fuperafq. evadere ad auras,
Hic labor, hoc opus eft.

J'ai l'honneur d'être, &c. &c.

MONSIEUR,

LES symptômes adouciffans que femblait annoncer la révolution de Genève, n'ont pas tardé à faire place à fes vrais caractères originels, ceux de la deftruction & du dépouillement.

A peine le Tribunal Révolutionnaire fe fut-il débarraffé de la faction des montagnards qui le gênait, en demandant pour elle les pillages de la révolution Genevoife, ou en tentant de les faire paffer entre les mains des Français ; à peine eut-il été pleinement raffuré fur les vues de cette Puiffance, par fes déclarations, par la chûte de Robefpierre, & par le rappel éclatant de *Soulavie,* qu'il commença à fe montrer à découvert ; déclara qu'il ferait injufte de ne févir, dans ce fecond acte, que contre des patriotes égarés ; & annonça qu'il était temps de s'occuper férieufement des nouveaux prifonniers Ariftocrates, auxquels il avait donné les arrêts domeftiques. Leur nombre s'élevait déjà à 343, tirés, pour la plupart, cette fois de ce qu'on appelait *l'ariftocratie bourgeoife,* c'eft-a-dire de l'ordre marchand, qui, depuis la cataftrophe des Ariftocrates, avait été dénoncé à fon tour, comme plus riche & plus avare qu'eux.

Par les fuites d'une fatalité qui, dans tout le cours de cette révolution, a entraîné les Genevois honnêtes & éclairés à fe tromper dans chacune de leurs

conjectures, & à prendre conftamment le parti le
plus dangereux en adoptant le plus doux, ces
nouveaux prifonniers avaient eu la fimplicité de fe
laiffer perfuader que le dernier armement était uniquement deftiné à les fauver, eux & l'indépendance de la
République. Ils en attendaient le réfultat avec
anxiété, & faifaient les vœux les plus ardens pour
le parti qui triompha, lorfque celui-ci, en leur ap-
prenant fa victoire, leur annonça en même temps
qu'ils en étaient le prix.

Quoique le Tribunal eut prononcé, ci-devant, que
le peuple avait été *enfin* fuffifamment *vengé*, il déclara
qu'il ne fuffifait point d'avoir puni les montagnards
comme anarchiftes, & que, puifque les *premiers actes de
juftice nationale n'avaient pu fuffire pour détruire les ennemis de la Patrie*, il fe trouvait forcé de févir de nouveau
contre ceux qu'il appelait encore *les ennemis incorrigibles de la liberté & de l'égalité*. (1) En conféquence

---

(1) Ce fecond rapport, publié le 6 Septembre, l'emporte, s'il eft
poffible, fur le premier, en fait d'hypocrifie & d'impudeur. C'eft
le même fcandaleux étalage des mots de *liberté*, de *juftice*, & de
vertu : il fe termine de même par une exhortation aux Genevois Révolutionnaires *à être vertueux, à fe livrer au travail, & à ne
jamais oublier que les vertus publiques prennent leur fource dans les
vertus domeftiques*. C'eft là, s'écrient les membres du Tribunal,
*la récompenfe que nous vous demandons des pénibles fonctions aux-
quelles nous avons été appelés.*

Ces mêmes membres, prefque tous tirés de la lie du Peuple, &
qui ne faifaient que de fortir de l'obfcurité, y dénoncent les Chefs
des Montagnards qui avaient ofé rivalifer avec eux, & en font un
portrait qui eft un morceau non moins précieux que naïf dans la
bouche des chefs de la Révolution Genevoife.

Dans

il exerça & recommença tout-à-coup fur eux, avec
une activité particulière, toutes les vengeances ulté-

Dans les révolutions, ofent-ils dire, *l'on voit des individus jufqu'alors
ignorés, la plupart réprouvés par l'opinion publique, fe placer fur
la fcène : les uns fe fervent des circonfiances pour acquérir une prétendue célébrité ; d'autres penfent fair oublier les actes qui conftatent
leur immoralité, en affectant de fauffes vertus. Tous s'agitent en divers
fens ; le principal mobile de leurs actions eft leur intérêt perfonnel. Dès-
lors, pour parvenir à leurs fins, toute efpèce de moyens leur paraiffent
bons.* Sous le masque trompeur du patriotisme, ils
font tourner les saintes insurrections du peuple
contre les interets du peuple meme.

" Depuis un an," continuent-ils, " une fociété populaire
" s'était formée, fous le nom de Montagnards, fentinelles de la li-
" berté. Ce titre de Montagnards, précieux aux Français, *qui,*
" *à l'aide d'une affociation fous ce nom, ont détruit une faction liberti-*
" *cide, ne préfentait aucun rapport avec les Genevois.* Ceux-ci
" voulaient avec raifon anéantir les factieux ; les autres à
" Genève voulaient, au contraire, détruire les autorités populaires,
" déforganifer ce que la révolution avait créé, laiffer la Patrie
" dans une anarchie complette, pour l'abandonner enfuite entre les
" mains de ceux qui dès long-temps méditaient fa ruine.

" Un motif mettait ces conjurateurs à l'abri des dangers que
" doivent naturellement courir les ennemis de la chofe pu-
" blique ; le voici. Une maifon refpectable pour tout Genevois,
" l'hôtel de la Légation Françaife, récelait ces individus. Un ex-
" prêtre Romain, chargé par fa nation de concilier les intérêts
" des deux peuples, abufait de fon caractère public pour trom-
" per le Gouvernement Français, pour nuire au Gouvernement
" Genevois, pour divifer les Patriotes ; enfin, pour agiter en tout
" fens le peuple de Genève. La direction & la protection évi-
" dente que *Soulavie* donnait aux confpirateurs, ne pouvaient être
" de longue durée. Refpecté comme Repréfentant de la Répu-
" blique Françaife auprès de celle de Genève, il ne devait plus
" l'être lorfqu'il quittait ce caractère facré pour agir en intrigant,

rieures qu'il avait accuſé le parti montagnard d'avoir
en vue. (*) On ſait aujourd'hui que les arrêts qui
leur furent intimés, ſous prétexte de les y ſouſtraire,
n'avaient été qu'une précaution pour les empêcher de
prendre part au combat qui ſemblait ſe préparer, &
pour les réſerver d'autant mieux comme la proie du
vainqueur. Peut-être même le diſcours ſi pacifique,

" en fourbe, en calomniateur : la connaiſſance de ces faits ne pou-
" vait manquer d'être miſe tôt ou tard au grand jour. Ainſi la
" République Françaiſe qui nous offre généreuſement bienveil-
" lance & fraternité en gage de ſon alliance, ne peut laiſſer ſub-
" ſiſter long-temps au milieu de nous un Ambaſſadeur qui agit
" au contraire des intentions de la Convention Nationale ; &
" cette dernière ne tardera pas ſans doute à en faire juſtice, &c.
" &c. &c....Il s'était dès long-temps entouré d'une partie des
" montagnards ; il en recevait des viſites fréquentes : des entre-
" tiens nocturnes & prolongés étaient ſouvent réitérés ; il cher-
" chait à influencer leurs démarches & leurs délibérations. Ainſi
" s'ourdiſſait une trame perfide qui devait conduire la République
" de Genève à ſa ruine," &c. &c. &c.

(*) On vient, dit-on, de découvrir une double perfidie, dans la
manière dont a été amenée, conduite, & terminée, cette inſurrection contre les montagnards : on prétend aujourd'hui que la mort
de *Vitel*, leur principal chef, motivée par le Tribunal ſur l'imputation d'avoir voulu *jeter la République dans l'anarchie*, fut au contraire réſolue, préciſément d'après la découverte, que ce *Vitel*, fort
ſupérieur en talens aux autres Chefs de la Révolution, & qui leur
avait inſpiré par cela même la plus éclatante inimitié, était déjà
en prſe au remords, & viſait ſecrètement à ſe ſervir de l'influence
qu'il leur diſputait, pour réparer les crimes de la Révolution. En
effet, on aſſure, qu'en parlant du Syndic *Caylá*, dont il était
l'ardent admirateur, il avait eu l'imprudence de dire publique-
ment à quelques-uns de ſes affiliés : *Mes amis, c'eſt à nous que
ſera réſervé de venger le ſang innocent.* Je n'ai point aſſez de
données

imprimé par ordre du parti révolutionnaire, n'avait-il été lui-même qu'un leurre deftiné à les endormir fur les bords du nouveau précipice qui s'ouvrait fous leurs pas.

Il eft vrai que, dans cette troifième fcène, le fang innocent n'a pas coulé, & que, vû leur abfence, les fix prétendus Ariftocrates condamnés à mort ne l'ont point fubie; mais la plupart des autres chefs de famille amenés en jugement, ont été condamnés à l'exil perpétuel, (1) ainfi qu'à la confifcation de leurs

---

données pour prononcer fur cette nouvelle verfion; mais je fuis tenté de la croire fondée. Quoiqu'on eut grand foin d'affocier au fort de *Vitel* quelques *Moutagnards* qui étaient de vrais brigands, il paraît que c'étaient les *Marfeillois* qui avaient médité les nouveaux excès dont le Tribunal punit le parti *Montagnard*; & qu'après leur chûte, il fe chargea d'exécuter fi fidèlement lui-même, à l'aide de ces mêmes Marfeillois.

(1) Voici la lifte des jugemens que préfente le fecond rapport du Tribunal.

Parmi les montagnards :

5 Condamnés à mort & exécutés. L'un d'entre eux, cependant, était un Marfeillois, que *Soulavie* accufait de l'avoir infulté *en lui demandant brutalement le paiement d'une penfion de retraite qu'il prétendait lui être due par la République Fran-çaife,* qu'il avait fervie comme foldat.

6 Condamnés à mort par contumace.

3 Bannis à perpétuité.

7 Condamnés à des emprifonnemens perpétuels, ou à différens termes.

___

21

Les autres Montagnards furent *déclarés abfous de toute inculpation quelconque, invités à fe défier des intrigans & des agitateurs, & à fe répartir dans les différens Clubs révolutionnaires.*

Parmi les Ariftocrates ou Neutres, ou parmi ceux que le Tribu-

biens, & les autres, à des emprifonnemens domeftiques plus ou moins longs, mais fur-tout à la privation
de leurs droits politiques.

Ce qui a déterminé les oppreffeurs à ce nouveau genre de peine, c'eft que, comme on vote,
dans l'Affemblée du Peuple, par le fcrutin fecret,
& qu'ils connaiffent les vrais fentimens de la pluralité
de fes membres, ils n'ofent pas tenter de la convoquer
avant d'en avoir judiciellement exclus les honnêtes
gens qui n'ont pas pu fuir Genève. (1)

---

nal accufa expreffément *de n'avoir pas défendu les droits du Peuple,
ou de les avoir défendus avec froideur,*

  6 Furent condamnés à mort par contumace:
 18 Exilés à perpétuité.
  8 Condamnés à une année d'emprifonnement domeftique, & à la
    fufpenfion perpétuelle de l'exercice de leurs droits politiques.
  4 Eccléfiaftiques condamnés à la même fufpenfion, *& interdits
    pour toujours de leurs fonêtions de Pafteurs, pour s'être écartés
    dans leurs prédications de l'efprit de Chriftianifme, qui eft celui
    de l'égalité.*
 14 A la fufpenfion perpétuelle de l'exercice de leurs droits po-
    litiques.
 32 A la fufpenfion de leurs droits politiques pendant deux ans, &
    à une détention domeftique d'une année.
 49 A la fufpenfion de leurs droits politiques pendant deux ans, &
    à une détention domeftique de fix mois.
103 A la fufpenfion de leurs droits politiques pendant deux ans, &
    à une détention domeftique de trois mois.
 88 A la fufpenfion de leurs droits politiques pendant deux ans.
 17 Cenfurés pour leur froideur & leur indifférence, *& exhortés à
    bien fe pénétrer de la néceffité d'une furveillance aêtive pour
    le maintien de l'égalité, de la liberté, & de l'indépendance.*

(1) Le Tribunal ne s'eft pas même donné la peine de voiler un
pareil motif. *Cette mefure,* a-t-il dit naïvement dans fon rapport,

5

En attendant qu'ils acquièrent la certitude d'y dominer, ils l'ont remplacée, provifoirement, par 23
clubs, foit fections révolutionnaires, où les opinions
fe donnent à haute voix ; où ceux-là feuls pour qui
la tranquillité eft devenue un état violent, ofent élever
la leur, & où leur audace s'augmente en proportion
du découragement des autres. Ces 23 petites républiques délibérantes s'affemblent deux fois par jour,
& font fouvent ifolement, & quelquefois en maffe,
les propofitions les plus contradictoires. Rien n'eft
égal à la verfatilité de cette nouvelle Clubocratie. Tantôt elle permet aux artiftes condamnés à la prifon domeftique, de fortir trois fois le jour, pour fe rendre à
leurs atteliers ; & bientôt après elle fufpend cette
permiffion. Tantôt, voulant porter la fappe révolutionnaire jufqu'aux fondemens même de l'ancien édifice, & détruire pour cet effet la difcipline de la jeuneffe, elle demande à grands cris la caffation de tous
les révolutionnaires attachés à l'éducation publique ;

---

*eft néceffaire dans les circonftances actuelles, & utile pour l'avenir. En
effet, la Révolution actuelle doit amener fucceffivement des loix régéné-
ratrices ; & pour affurer d'autant mieux leur fanction, il convient
d'écarter foit de la difcuffion, foit du vote, tous ceux qui ont paru en
divers temps ennemis des droits du peuple. Cette difpofition devra
néceffairement s'étendre fur tous ceux qui ont été mis en caufe par-
devant le premier Tribunal : nos concitoyens en fentiront la néceffité &
la juftice.*

Comme ce jugement rétroactif porte fur environ un millier de
chefs de famille, il eft évident que cette révolution deftinée à la
conquête de l'univerfalité du droit de fuffrages, en a déjà dépouillé près de la moitié de ceux qui en jouiffaient ! ! !

puis, en obfervant qu'elle n'a pas un feul des fonctionnaires de ce département dans fon parti, elle imagine
de les mettre en *réquifition provifoire*, en attendant
qu'elle puiffe les remplacer, ou même les fupprimer;
car elle dénonce déjà les fciences & les arts comme
une branche d'ariftocratie. Tantôt enfin, défirant
hautement, & fans déguifement, la dépopulation de
Genève, elle permet aux citoyens qui n'ont point été
amenés en jugemens, d'en fortir avec leurs effets : le
lendemain, étonnée de la foule des Emigrans, & de la
maffe des propriétés mobiliaires qu'ils ont emportée
ou fait charger la veille, elle en interdit de nouveau la
fortie, ainfi que celle des perfonnes, des efpèces, des
marchandifes, &c. &c.

La queftion qui a le plus divifé les efprits était
de favoir fi on laifferait l'adminiftration civile &
la force militaire au Tribunal Révolutionnaire ou
au Gouvernement Conftitutionnel. Il paraît que
celui-ci a eu l'art de furnager, & qu'il va reprendre fes fonctions ; mais le Tribunal, dont les
pouvoirs font expirés, fubfiftera néanmoins encore
pour un mois, fous le titre de *Commiffion Liquida-*
datrice Nationale. Celle-ci fe charge, foit du re-
couvrement des biens confifqués, foit des indemnités
dues par les Ariftocrates épargnés (1) ; & elle promet
d'en appliquer le produit à des établiffemens publics

_____

(1) Il n'eft pas queftion de moins que d'impofer le capital de
toutes les fortunes. C'eft par cette étrange opération qu'on promet au peuple l'âge d'or, c'eft-à-dire le commencement de l'égalité des biens, & l'achèvement de la Révolution.

d'induſtrie, ou de bienfaiſance, conſacrés à prévenir la miſère, & à faire le bonheur d'un peuple, qui paraît toujours fort étonné de n'être point encore heureux avec tant de moyens, en apparence ſi efficaces pour le devenir.

Tandis qu'on le berce ainſi dans l'avenir de cet eſpoir chimérique, le préſent l'oppreſſe & le déchire de toutes parts ; car ſes chefs ne peuvent plus lui cacher qu'il eſt proſcrit & proclamé par-tout comme un peuple dénaturé ; que la Hollande, ancienne alliée de Genève, enviſageant ſes Magiſtrats actuels comme de vrais brigands, vient de ſéqueſtrer le paiement de tout ce qui peut être dû aux infortunés qu'ils tiennent ſous le couteau révolutionnaire ; que quelques villes de commerce d'Allemagne proſcrivent les manufactures de Genève, ou du moins ſes commerçans ; & qu'enfin les Suiſſes viennent de tirer autour de leurs frontières, un cordon qui repouſſe, juſqu'à préſent, comme des peſtiférés, tous ceux de ſes habitans qui ont trempé leurs mains dans les forfaits de la révolution, ou même qui ſont reſtés ſous les armes pendant qu'ils ſe conſommaient. (1)

Cependant pour étourdir ce peuple, & lui faire croire que, bien qu'anathématiſé par ſes voiſins, il lui reſte encore au loin des approbateurs, & même des amis, ſes chefs ont eu l'impudeur d'ordonner, le 1ᵉʳ Septembre, une fête civique, dans laquelle,

_____

(1) J'apprends que la plupart de ces meſures ont été ou adoucies ou révoquées ; mais elles prouvent ſuffiſamment l'impreſſion d'horreur que la Révolution avait produit ſur les Etats voiſins qui les avaient adoptées.

tirant parti du compliment que la République Françaife a fait dernièrement à celle de Genève, en plaçant
fon drapeau à côté de celui des Etats-Unis, ils
ont déployé ce dernier avec éclat, afin de nourrir
les Genevois de la douce illufion qu'ils font encore
dignes de fe comparer à la République du nouveau
monde.   Il eft vrai qu'à cette comparaifon on a
pu lire en caractères marqués fur le vifage de chaque
affiftant, la honte & les remords.   Mais que penfer
d'une peuplade, à qui il ne refte d'autre vertu que
celle de les laiffer percer, & d'autre courage que celui
de les braver ?

A peine y peut-on rencontrer aujourd'hui un
individu de quelque fortune, ou de quelque éducation, qui n'ait pas été perfonnellement atteint
par cette épouvantable révolution.   En effet, fi l'on
ajoute les 343 dernières victimes aux 508 pré-
cédentes, il y a de quoi frémir en calculant que fa
verge a déjà frappé près de la moitié de l'Affemblée du peuple, telle qu'elle était compofée il y a
deux ans, avant qu'on lui eut affocié un millier de
natifs, & à-peu-près autant d'étrangers.   Mais fi cet
effrayant calcul ne fuffifait pas pour la peindre, un
dernier trait en acheverait le tableau : c'eft que les
foldats Français eux-mêmes, fous les bannières defquels elle fut commencée, ont verfé des larmes, au
récit qu'on leur a fait de fes derniers actes : c'eft
que, malgré les ordres barbares de *Soulavie*, la plupart
des Municipalités voifines ont protégé ouvertement
les Genevois qui font venus fe jeter entre leurs bras,
pour fuir cette boucherie : c'eft qu'enfin elle a infpiré

une pitié, dirai-je affectée, ou sincère ? aux chefs de
ces mêmes Français, dont les bras de fer nous a entraînés dans l'abyme.   Serait-ce, de leur part, regret
de n'avoir point recueilli nos dépouilles ?   Sont-ils
jaloux de ce que les révolutionnaires Genevois les ont
dépassés dans leur propre carrière ?   Ou, comme il
est plus naturel de le présumer, sont-ils alarmés du
mouvement de recul que ces actes d'horreur ont
imprimé à leur doctrine, & à ses sectateurs, en Suisse,
en Allemagne, en Hollande, & en Angleterre ? Je
l'ignore : mais on prétend que le Comité de Paris
s'est empressé d'écrire à ces imitateurs dangereux,
pour les inviter à mettre un terme à des excès si pré-
judiciables à sa cause ; &, ce qui est certain, c'est
que le Ministre de Génève dans cette capitale revient
sans cesse à la charge, pour conjurer ses commettans
de se hâter d'ôter à la révolution la couleur Robes-
pierrique, qui ne lui laisse que des désapproba-
teurs(1) auprès du seul allié auquel elle les ait réduits.

_____

(1) Entr'autres preuves de cette désapprobation, ils ont laissé
imprimer, dans la Gazette de France, l'éloquent Mandement du
Grand Conseil de Berne, qui lance un anathême si foudroyant sur
la Révolution Genevoise.   Le Député de la Convention qui est
venu dernièrement sur les frontières de Suisse, s'est exprimé, dit-
on, sur elle, d'une manière à-peu-près semblable, & s'est refusé à
l'invitation que lui adressaient ses auteurs, d'y venir donner &
recevoir le baiser fraternel.   Enfin, le Résident envoyé à Génève
pour remplacer *Soulavie*, a été choisi exprès parmi ceux des révolutionnaires Français les plus attachés au nouveau système de modération ; & son premier acte a été d'envoyer, sous une forte escorte,
son prédécesseur à Paris, pour y rendre compte de sa conduite.

Telles ont été les conféquences d'un premier pas des Genevois vers la doctrine Françaife. On peut maintenant en tracer la fource, & en fuivre le cours & les débordemens, depuis la déforganifation, en apparence fi légère & fi calme, de 1792, jufqu'à la fubverfion complète & fanglante de 1794, c'eft-à-dire, depuis le moment où la révolution s'annonça avec douceur, par le titre innocent & modefte de *citoyen*, qu'adoptaient entr'eux fes partifans, jufqu'à l'époque où ceux-ci ayant obtenu *l'Egalité des Droits*, ils y ont découvert le moyen d'étendre ces droits d'égalité fur la fortune même de ceux qui ne penfaient pas comme eux (1); & où enfin, après avoir réuffi à les défarmer dans les ténèbres, il les ont dépouillés, profcrits, mis

(1) L'une des premières obfervations qui doit frapper les étrangers qui étudient en Angleterre le progrès qu'y a fait le peuple dans la carrière de la Liberté, c'eft que, dans le langage familier de la claffe même à laquelle on donne trop légèrement par-tout le nom de populace, le mot de *propriété* fe trouve prefque toujours religieufement affocié à celui de *Liberté* ; comme fi ce peuple craignait de erdre jamais de vue, que cette première en eft le but, le gage, & la récompenfe. *Liberty and Property*, tel eft le cri de ralliement des Anglais de toutes les claffes, chaque fois qu'elles fe trouvent en mouvement par une alarme quelconque. Ces deux mots réunis font en effet le texte de plufieurs volumes ; ils préfentent à la fois la définition & l'exemple, ou l'application du bienfait.

Pourquoi le Peuple Anglais en a-t-il fait fa devife ? C'eft qu'il a appris par fa propre hiftoire, & à fes dépens, que jamais les prédicateurs de l'égalité abfolue n'ont réuffi à l'égarer, avant de l'avoir détaché de fon refpect pour la propriété, en faifant briller à fes yeux l'attrait perfide & trompeur de l'égale diftribution des biens. En effet, fes féducteurs connaiffent affez la claffe indigente & malheureufe, pour favoir qu'elle eft incapable de faifir tout ce que

l'édifice

à mort. Tel eft le fort auquel viennent d'être dé-
voués, uniformément, tous les propriétaires dans la
ville de l'Europe la plus diftinguée, j'ofe le dire, par

---

l'édifice focial a de fublime dans fa complication, & dans les
chaînes même dont il la lie ; qu'elle ne fent, pour ainfi dire, que les
poids de ces chaînes ; & qu'afin de la déterminer à les rompre, il
ne fuffira pas de lui promettre des droits politiques & abftraits
qui ne lui offriraient qu'une vaine importance, mais qu'il faudra
lui étaler de vraies jouiffances, lui annoncer des propriétés, & fur-
tout lui propofer des loix agraires. Auffi procèdent-ils ordinairement avec adreffe pour l'enivrer & la pervertir. D'abord ils débu-
tent comme *Boufquet*, par déplorer que l'ariftocratie des richeffes
ait amené tant & de fi grands abus ; enfuite ils infinuent que *depuis
trop long-temps les riches dévorent la fubfiftance du pauvre, ou
infultent à fa mifère par leurs jouiffances, & même par leurs aumones.*
Bientôt ils demandent s'il ne ferait pas équitable & fage de faire
refluer le fuperflu de ces richeffes vers la fource dont elles font
parties, *les fueurs du pauvre :* enfin, à en croire ces nouveaux
prêtres de l'Egalité, il ne fera d'abord queftion de s'emparer que
de l'extrême fuperflu, & cela, pour en faire un dépôt facré, inviola-
blement appliqué à prévenir les mifères du peuple.

La claffe nombreufe, indigente, & ignorante, à laquelle ils
adreffent un pareil langage, les écoute peu à peu avec d'autant plus
d'avidité, qu'obligée jufques-là de travailler péniblement pour
foutenir une exiftence toute remplie de privations, elle entrevoit
tout-à-coup fous l'ombre tutélaire du nouveau fyftême, un travail
moins pénible, une fubftance moins précaire, & les fuperfluités
qu'elle envie ; c'eft-à-dire, qu'elle apperçoit toute la fomme du bonheur public répartie enfin également entre ce qu'elle appelle les
membres déshérités de la grande famille. Toute étonnée de
l'avenir brillant qui s'ouvre devant fes yeux, cette claffe enivrée fe
range bientôt toute entière fous les drapeaux de ces défenfeurs généreux de l'humanité opprimée.

Mais en lui ouvrant cet avenir, ces mêmes défenfeurs fe gardent
bien de lui indiquer les obftacles infurmontables qui l'arrêteront dans

fa

la généreufe bienfaifance de tous ceux de fes habitans
qui étaient au-deffus de l'étroit néceffaire ; dans cette
Genève, où la bienfaifance femblait un fond intariffa-

---

fa marche : ils fe gardent bien de dire au peuple, que, par une
loi antérieure à toutes les inftitutions humaines, l'état de l'homme
eft un état de travail ; que ce travail, tout pénible qu'il eft, n'en
eft pas moins fupportable & néceffaire ; que pour en entretenir
l'indifpenfable habitude, il faut avant tout affurer la jouiffance des
fruits de la terre à ceux qui la cultivent ; que cette jouiffance, ou
en d'autres mots, la propriété, a toujours été la première convention
expreffe ou tacite de tout raffemblement d'hommes quelconque ;
qu'enfin les loix d'un pareil raffemblement ne font parfaites, & les
individus qui le compofent heureux & libres, qu'autant que leurs propriétés y font inviolables, c'eft-à-dire, autant que celles-ci fe trouvent
également protégées, d'un côté, contre toute entreprife individuelle
de la force phyfique qui tenterait de braver les loix ; de l'autre,
contre la rapacité de ceux qui les dictent, ou les attentats des miniftres qui les exécutent. En effet, c'eft fur les loix qui affurent &
protègent les propriétés que repofe & roule tout l'édifice focial ; car fi le
premier, l'unique aiguillon de l'induftrie eft dans la jouiffance affurée
des fruits qu'elle recueille, il en réfulte non-feulement que les divers
degrés de cette induftrie font la caufe première de la diftribution
inégale des propriétés, mais auffi que l'inégalité de cette diftribution devient caufe en même temps qu'elle était effet : en forte
que par cela feul qu'elle doit fa naiffance à l'induftrie, elle fait
jaillir à fon tour une multitude de nouvelles fources d'induftrie,
lefquelles forment encore un millier de canaux dont on voit naître
une foule d'émulations, & par conféquent de nouvelles propriétés,
ainfi de fuite à l'infini, jufqu'à ce que ce cercle prolongé de réprodu-
ductions mutuelles & de réactions continues, complette cette grande
& belle machine fociale dont le mouvement perpétuel eft deftiné
par-deffus tout à préferver la propriété inviolable.

Mais tandis que l'obfervateur attentif y admire l'équilibre de
tant d'élémens oppofés, & l'harmonie parfaite de tant de roues,
leur admirable engrenage eft prefqu'entièrement inapperçu par la
foule

ble, & où l'on comptait des riches, tels que le Syndic
Cayla, qui divifaient leurs revenus en deux portions,
dont l'une était toujours envifagée par eux comme le

---

foule de ceux qui font placés au centre : cette foule ignore qu'en
tentant d'égalifer les propriétés, elle briferait le grand reffort qui
fait mouvoir ce beau mouvement, & qui eft tout à la fois, fi je puis
m'exprimer ainfi, fon régulateur & la clef qui le remonte. Cette
foule ignore que ceux qui lui propofent une nouvelle répartition des
propriétés acquifes, propofent gravement à l'efpèce humaine civilifée
de rétrograder volontairement vers ces temps fauvages, où les
hommes étaient en petit nombre parce que leur induftrie n'avait
d'autre aiguillon que l'appétit du moment, & où ils ne faifaient rien
pour fortir de cet état de mifère, parce que leurs travaux y étaient
fans récompenfe, c'eft-à-dire, que la propriété d'un feul n'avait
aucun garant contre l'attaque de plufieurs.

Ce réfultat affreux de toute nouvelle répartition des propriétés
eft tellement évident, que ce ferait une grande erreur d'imaginer
qu'aucun égalifeur, aucun Jacobin, tant ancien que moderne, ait
pu fe le diffimuler, ou qu'ils aient jamais fongé à pouffer à l'extrême les principes de leur propre doctrine. Ils ne propofent le
renverfement des loix que pour en obtenir la fufpenfion paffagère,
& ne font déclarer la guerre à ceux dans les mains defquels fe trouvent le pouvoir & les propriétés, que dans l'efpoir de fe gliffer à
leurs places. Si une fois ils y arrivent, voilà le dernier terme de
leur ambition ; ou plutôt, je me trompe, ils en ont une encore, celle
de s'y maintenir, en terraffant tour à tour chaque partifan fubalterne,
qui s'aviferait de tourner contre eux leurs propres armes, & de
défirer un fecond effai de la doctrine bouleverfatrice à laquelle ils
doivent leur élévation & leurs fortunes : auffi défendent-ils celles-ci
avec autant d'effronterie que s'ils en étaient les légitimes poffeffeurs.
Sans avoir befoin d'ouvrir ici le livre de l'hiftoire, ce livre n'eft-il
pas maintenant déployé fous nos yeux ? L'expérience n'eft-elle pas
encore toute vivante ? Il y a à peine trois ans que la moitié des
propriétés a violemment changé de mains en France, & voilà déjà
leurs nouveaux poffeffeurs, qui, du fol ufurpé où ils fe poftent, in-

voquent

patrimoine facré du pauvre. Nulle part au monde
l'indigence n'était foulagée avec autant d'humanité
& avec plus de délicateffe qu'à Genève. On cher-

---

voquent à grands cris les loix facrées de la propriété & les principes éternels de l'ordre & de la juftice.....

Non, jamais, jamais aucune révolution commencée fur de pareils
principes n'aura d'autre effet que de faire paffer exclufivement
les propriétés & le pouvoir en de nouvelles mains, plus violentes, &
d'autant plus difpofées à s'y maintenir par le crime, que le crime
feul ayant pu les y conduire, il ne leur refte que le crime pour
fuppléer à la légitimité du titre.

Cependant que devient, durant le cours de ce drame, & à fon
dernier acte, cette claffe nombreufe dont la crédulité était devenue
l'inftrument des fpoliateurs ? A peine s'apperçoit-elle qu'elle n'a
travaillé qu'à changer de maîtres, qu'elle découvre bientôt auffi,
(pour me fervir de l'admirable expreffion du Tribunal Révolutionnaire
Genevois) que ces nouveaux maîtres ont réuffi *à faire tourner la
fainte infurrection du peuple contre les intérêts du peuple même.* Ce
peuple, non moins infortuné que criminel, s'étonne alors de voir
que tout, abfolument tout, ait changé autour de lui, excepté fa
propre condition, fes privations, & les mifères auxquelles fes chefs
lui avaient promis de le fouftraire. Pour comble de châtiment, le
ton dur, ironique & arrogant de ces derniers, & le bras de fer avec
lequel ils font prêts à défendre chacune de leurs ufurpations, ne leur
laiffent pas même le plus léger efpoir de les renverfer comme il renverfa leurs prédéceffeurs légitimes. Défappointé, couvert de
crimes, & déchiré de remords, la faim l'oblige bientôt à retourner
à fes premiers travaux ; mais il ne trouve plus autour de lui, ni au
dedans de lui, rien qui le foutienne dans l'indigence, rien qui puiffe
le dédommager de la perte de fes vertus, ou le confoler des maux
qu'il s'eft faits à lui-même & aux autres. Il tombe dans la ftupé-
faction, il devient lâche & fervile. Un pareil peuple ne mérite
plus que la verge d'un defpote ; & ordinairement il ne tarde guères
à l'invoquer à fon fecours ou pour fa vengeance.

4   Mon.

chait même à la deviner pour s'empreſſer d'aller au-
devant d'elle ; & les collectes volontaires, les ſouſ-
criptions de tout genre, les charités publiques & particulières, égalaient & ſurpaſſaient même ſouvent les
revenus de l'Etat. J'en appelle ici au témoignage
de tous les étrangers, qui étaient ravis & confondus
de ne jamais rencontrer chez nous même l'apparence
de la miſère. Ils l'auraient été bien davantage encore d'apprendre que la cinquième partie de notre
population était conſtamment aſſiſtée par les citoyens
riches & aiſés, contre leſquels elle vient de tourner
tout-à-coup ſa fureur deſtructive. (1) Il n'y avait
d'ailleurs, dans cette petite république qu'a atteint le
volcan de la Révolution Françaiſe, ni réformes à
déſirer, ni Clergé à dépouiller, ni abus à détruire, ni
même de claſſes privilégiées à jalouſer ; puiſque, dans

Mon cœur ſe déchire ! La malheureuſe Genève eſt déjà ſur la
première marche de cette humiliante dégradation....Déjà, depuis que
la claſſe pauvre & laborieuſe a dépouillé ou proſcrit tout ce qu'il y
avait autour d'elle d'hommes riches ou aiſés ; elle a comparé plus
d'une fois ſon aveuglement, & le ſort auquel elle s'eſt réduite, à
celui d'un village bâti ſur les bords d'un ruiſſeau, dont, à l'inſtigation
d'un ennemi perfide qui en annonçait le débordement, les habitans
inſenſés auraient pour toujours détourné le cours. O Genève !
Genève !

(1) Le caractère Genevois ne s'eſt pas même démenti au milieu
de l'horrible épreuve à laquelle les riches ſe ſont trouvés en proie.
Ils n'ont ſongé à ſe réunir que pour venir au ſecours des pauvres.
Une ſouſcription étant ouverte à cet effet, on a vu des Genevois y
venir verſer une partie de ce qu'ils avaient réuſſi à ſauver du pillage général ; & elle produiſit, en peu de jours, au-delà de trois
mille louis.

aucun temps, nos loix ne reconnurent ni nobleſſe dans les familles les plus anciennes, ou les plus opulentes, ni roture chez celles qui l'étaient le moins. Quant à l'adminiſtration des finances ; la pureté & la ſcrupuleuſe économie des anciens magiſtrats qui les géraient, ne pouvaient être comparées qu'à leur déſintéreſſement perſonnel. Il était tel, que leurs ſucceſſeurs, en s'emparant de leurs places, commencèrent par en doubler & tripler les ſalaires : encore ces ſalaires n'ont-ils point ſuffi à l'intempérance de leurs paſſions (1), & à l'avidité de leurs rapines, puiſqu'ils viennent d'avouer que, dans le cours des ſix dernières ſemaines, il y a eu une dépenſe révolutionnaire, c'eſt-à-dire une dilapidation de 20,000 louis, & qu'il n'en reſte que 16,000 ; ce qui eſt loin de repréſenter la totalité des ſommes que le pillage aurait dû verſer dans le tréſor public.

Quelque petit que ſoit le théâtre ſur lequel vient de ſe paſſer ce drame révolutionnaire ; par cela même

_____

(1) Pendant preſque tout le cours de cette révolution enſanglantée, les chefs n'ont ceſſé de faire, aux frais de l'Etat, de grands repas, & de véritables orgies ; tandis que leurs ſubalternes vivaient à diſcrétion, dans les maiſons des gens riches ou aiſés dont ils vuidaient les caves.... Le compte de cette dépenſe, publié le 10 Septembre par les Révolutionnaires, préſente des détails inimaginables. C'eſt une longue liſte de *déjeûnés, repas ſoit de nuit ſoit de jour, liqueurs, ſirops, vin fins, bierre, orgeat, limonade,* &c. &c. On y trouve juſqu'à *pipes, tabac, poudre à poudrer, pomade, rubans, ſavonnettes,* pour l'uſage des fonctionnaires publics. On y trouve auſſi certaines ſommes qu'ils ſe ſont fait avancer en ſus de leur vacations ; & enfin, un article de ſix louis & demi, pour les pompes à feu *deſtinées à diſperſer un raſſemblement de Citoyennes.*

qu'il eft plus aifé d'y découvrir tout le jeu & tout l'enchaînement des fcènes, il n'en fixera que mieux fans doute le regard des hommes qui, comme vous, Monfieur, contemplent l'étrange révolution dont toute la Chrétienté eft menacée, qui cherchent à en étudier les caufes pour en pénétrer les réfultats, & qui prévoient avec effroi que l'un des plus inévitables fera de faire paffer les peuples à la tyrannie durable d'un defpote à travers la tyrannie paffagère de la populace.

Parmi les grandes & falutaires vérités qu'on peut tirer de cet expofé de la petite révolution de Genève, je me bornerai, Monfieur, à préfenter les fuivantes à la méditation de vos compatriotes.

Qu'une première révolution, terminée à propos, peut quelquefois établir la liberté ; mais qu'alors, toutes révolutions fucceffives la détruifent d'autant plus irrévocablement, qu'elles en infpirent au peuple, d'abord l'indifférence, puis la laffitude, bientôt après le dégoût, & enfin la haine.

Que, quelque accoutumé que puiffe être un peuple aux commotions politiques, ce qu'on appelle aujourd'hui du nom de *Révolution* eft le plus grand des fléaux qui puiffe le frapper.

Que les premiers auteurs de toute Révolution pareille en feront infailliblement par-tout les fecondes victimes.

Que le caractère moral & bon d'aucun peuple connu ne peut le raffurer d'avance fur ce que l'invafion d'une pareille doctrine ferait chez lui moins deftructive qu'ailleurs ; parce que ce caractère fera dénaturé dès le lendemain même du jour où elle l'aura atteint.

Hélas ! il y a à peine deux mois que la maſſe des Genevois méritait encore la réputation d'un peuple humain & brave. Une ſeule nuit révolutionnaire, en faiſant paſſer les armes des hommes à propriétés entre les mains de ceux qui n'en ont point, ſemble avoir métamorphoſé tout-à-coup ceux-ci en hommes féroces & les autres en lâches.

Que par-tout où pénétrera la révolution des Français, elle débutera préciſément par où a fini la leur, c'eſt-à-dire par mettre la terreur à l'ordre du jour, par donner l'aſſaut à la religion & à l'ordre ſocial, par livrer les propriétés au pillage, & les propriétaires aux perſécutions & aux ſupplices.

Que c'eſt dans les mains des propriétaires que ſe trouve aujourd'hui la civiliſation du monde Chrétien, & le deſtin de l'humanité. Qu'ils doivent être ſuffiſamment inſtruits des dangers qu'ils courent. Que le plus grand de tous eſt celui de la peur ; & que l'inſtant où ils ſe laiſſeront ébranler par la claſſe qui n'a rien à perdre, ſera le ſignal de leur inévitable deſtruction.

Que toutes les fois que cette nouvelle doctrine pénétrera dans un Etat libre, elle y fera encore plus de ravages qu'ailleurs, par cela même qu'un pareil Etat n'aura plus à en adopter que les excès.

Que les peuples libres ſont cependant les plus expoſés à cette horrible tempête, puiſque ce qui a pouſſé Genève la première en pleine mer eſt préciſément ce qui ſemblait devoir la fixer à l'ancre : j'entends les formes même de la liberté, qui ont facilité les moyens de la pervertir en licence, & celle-ci en crimes.

Enfin, que tout peuple qui a le bonheur de jouir d'une liberté fage & tempérée, ne pourra la conferver à l'avenir qu'en fe levant en maffe pour en punir les premiers abus ; & que, par amour pour elle, fes plus zélés défenfeurs doivent adopter contre ces premiers abus le même cri de ralliement que contre les attentats de l'autorité : *Principiis obfta.*

Ah, Monfieur ! qu'il eft douloureux ! qu'il eft affreux pour un Genevois de n'avoir eu à vous tracer l'agonie d'une patrie qu'il idolâtrait, que pour en faire un fanal deftiné à éclairer les autres peuples fur le gouffre révolutionnaire où elle vient de s'engloutir ! Quelque déchirant que fût ce devoir, il n'en était pas moins facré fans doute. Je l'ai rempli de mon mieux ; mais je crois avoir maintenant achevé ma pénible tâche. D'ailleurs la Révolution de Genève, une fois commencée & achevée, ne peut plus avoir de caractère qui lui foit propre. Dorénavant fon hiftoire fera celle dès révolutions de la grande planète dans l'orbite de laquelle elle a été condamnée à rouler comme fatellite. Il ne refte plus à tout Genevois qu'à gémir à fe taire.

J'ai l'honneur d'être, &c.

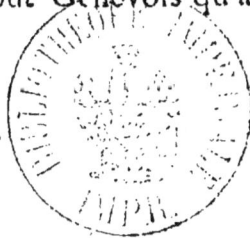

SUPPLÉMENT

AU

TABLEAU

DE LA

RÉVOLUTION FRANÇAISE

A GENÈVE.

LONDRES, ce 18 Juillet 1795.

DEPUIS la cataſtrophe du parti Montagnard, &
celle de ſon proteĉteur *Soulavie*, les craintes d'une
invaſion des Français furent diſſipées par un nouvel
engagement que prit la Convention, le 7 Septembre,
" de ne rien permettre qui puiſſe porter la moindre
" atteinte à l'indépendance de Genève." Quelques
perſonnes attribuent cet engagement aux remontrances
que n'a ceſſé de faire Mr. Barthelemy, ſur le danger
extrême d'aliéner ſans retour les Suiſſes, en frappant
des coups plus redoublés ſur la malheureuſe Genève,
membre déjà trop flétri de leur Confédération : mais
il eſt bien plus vraiſemblable que cet engagement
tardif eſt dû ſur-tout à ce que la République Françaiſe enviſage cette place forte comme lui appartenant

par le fait ; & qu'au point où elle a pouffé les Révolutionnaires Genevois, elle comprend qu'ils font
autant & plus intéreffés à la lui garder, que ne pourrait l'être une Garnifon Françaife elle-même.

Après avoir remis dans le fourreau le glaive révolutionnaire, les dominateurs de cette ville infortunée fe font hâtés de profiter de leur double victoire,
pour achever avec méthode le vol des propriétés.
Afin d'en confommer tranquillement l'égalifation, ils
ont encore trouvé le fecret de furpaffer les Français,
puifqu'ils ont établi, fur le capital même des fortunes,
la taxe énorme que ces derniers s'étaient contentés
d'impofer, fur les revenus des riches, pendant la
guerre.

Pour y parvenir, la *Commiffion Liquidatrice Nationale*
a découvert une échelle de gradations, dont aucun
tyran n'avait encore eu l'idée. Cette échelle impofe
les fortunes d'après le tarif politique, moral & arbi-
traire des opinions de chaque individu ; en forte qu'il
doit payer en raifon compofée de ce qu'il penfe & de
ce qu'il pofsède. A cet effet, tous les propriétaires
Genevois ont été claffés en trois divifions ; *Ariftocrates*,
Indifférens, & *Patriotes*. Les derniers eux-mêmes font
appelés à contribuer, mais dans une proportion beaucoup moindre, & feulement dans le cas où le capital
de leurs fortunes s'éleverait à 20,000 liv. tournois ;
tandis que, pour les premiers, cette contribution forcée commence déjà fur les fortunes de 6,500 liv.
tournois, dont l'excédent eft taxé dans une proportion
croiffante. On peut apprécier la nature de cette pro-
greffion par la claufe même que le Décret préfente

comme une faveur. En voici les propres termes : *Le maximum net de l'indemnité due par l'Aristocrate ne pourra, dans aucun cas, excéder 40 pour cent de la fortune du taxé.* (1)

Malgré cette clause, ce *maximum* n'en a pas moins enlevé, à plusieurs de ces derniers, près des trois qua ts de leurs fortunes ; car on comprend aisément que le premier résultat de cette espèce de loi agraire (la seule qu'on pût imaginer dans un État sans territoire a dû être de réduire à la moitié de leur valeur

---

(1) Ce même maximum qui s'élève à 3c pour cent sur la fortune des *demi-Aristocates*, est réduit à 25 pour cent sur cel es des *Patriotes.* Cn assure que ce brigandage systématique, qui a succédé au premier pillage de la Révolution, s'est étendu sur plus de 1100 propriétaires, & qu'il a procuré environ six cents mille louis, ce qui doit représenter bien au-delà du quart de la totalité des fortunes. Cette épouvantable exaction s'est exécutée froidement, lentement, & au nom de la loi, dans une ville ruinée, dont les habitans avaient déjà perdu leurs fortunes dans les fonds de France, que la Convention acquitte, en assignats, à ceux des créanciers étrangers dont elle n'a pas suspendu les paiemens. Il est tel individu qui a été taxé à plus de 16,000 louis ; il en est tel autre qui a préféré fuir, & abandonner toutes ses propriétés foncières, estimées 500,000 liv. tournois, à se voir retenu sur un sol dont une partie seulement serait restée son unique propriété, & où il se ferait encore trouvé à la merci des spoliateurs. Croirait-on que les Rédacteurs de ce Décret qui bouleverse toutes les notions du *tien* & du *mien*, & qui détruit dans sa racine toute émulation au travail, ont osé le terminer en annonçant au peuple, *que pour en voir réaliser les bons effets, il faut que cette mesure soit secondée par une disposition générale au travail. Une République bien organisée, cu qui veut l'être,* lui disent-ils avec effronterie, *flétrit la paresse, & voue tout oisif au mépris & à la proscription ! ! !*

toutes les propriétés foncières, & par conséquent celles qu'on a bien voulu laisser, soit en maisons, soit en terres, aux Genevois, sur qui a porté la rigueur de cette mesure. Aussi, quoique ses inventeurs aient tenté de faire envisager cette *rigueur même comme une base de sécurité future, qui doit rassurer sur la crainte d'un nouveau recours à de semblables moyens* ; la plupart des propriétaires livrent ce qu'on leur demande pour obtenir au moins la liberté de quitter ce séjour de tyrannie populaire, où l'on est parvenu à réduire la spoliation en doctrine, & où l'on proclame ouvertement celle-ci comme une nouvelle morale politique.

Les amis des loix qui restent dans Genève, y gémissent dans le silence ; mais ceux des révolutionnaires qui se trouvent atteints à leur tour par ce second pillage, & qui n'osent point espérer d'abri en Suisse, commencent à s'étonner d'être au nombre des victimes de leur victoire, & à élever la voix pour s'en plaindre & la maudire.

Aussi Genève se dépeuple-t-elle avec une rapidité consolante sous un rapport, mais d'autant plus effrayante cependant, que cette dépopulation elle-même entre dans les vues des chefs révolutionnaires, qui y applaudissent. Ils l'accélèrent même comme l'unique moyen d'assurer le triomphe de l'égalité, & ce qu'ils appellent la paix publique.

Si l'on peut se permettre de détourner les regards de ce que ce tableau de spoliation a d'extorsif & d'inique, on y trouvera du moins un trait de ridicule assez piquant pour s'y arrêter un moment.

4

Croirait-on que, dans le premier vertige de vanité de ces petits brigands municipaux, l'un de leurs soins le plus empreffé a été de notifier leur élévation à toutes les familles Genevoifes fixées dans l'étranger ; & que, dans l'intime conviction que leur puiffance révolutionnaire devait s'étendre & fe reconnaître dans toute l'Europe, ils ont envoyé jufqu'en Angleterre leurs lettres de notification, pour exhorter les Genevois qui s'y trouvent à leur faire paffer *une contribution confciencieufement proportionnée à leurs fortunes.* En cas de réfiftance, ils menacent *de les porter débiteurs de la Nation,* qui *fe prévaudra contre eux en temps & lieu !*

" Je favais bien," (leur a répondu avec indignation M. Chauvet, l'un des Genevois fixés en Angleterre) " je favais bien que les brigands formaient
" entre eux des affociations pour dépouiller les paffans ;
" mais je n'ai jamais ouï dire qu'ils euffent effayé
" de les rendre légales, de les revêtir des apparences
" de l'autorité publique.... Quelle eft donc cette
" *Commiffion Liquidatrice* qui exige de moi des con-
" tributions, & qui ofe me menacer de fe *prévaloir*
" *contre moi, ou mes biens, en temps & lieu ?* C'eft
" par la force des armes que les révolutionnaires fe
" font attribués le droit de l'impofer.... Tous ceux
" qui y concourent, de quelque manière que ce foit,
" fe rendent coupables du plus grand délit politique...
" Qu'eft-ce que cette *taxe extraordinaire,* que vous
" dites *impofée par ordre de la Nation Genevoife ?* Cette
" taxe eft *extraordinaire* fans doute, puifqu'elle fur-
" paffe toutes celles dont on a jamais entendu par-

« ler ; puifqu'elle eft réglée, non fur les befoins où
« fur les moyens de ceux qui la paient, mais fur
« leurs opinions..... Qui peut vous avoir autorifé
« à l'exiger ? De quel droit difpofez-vous ainfi des
« propriétés ? Par quel acte folemnel la Nation
« Genevoife aurait-elle approuvé une mefure qu'au-
« cun Monarque defpotique n'oferait impofer à fes
« efclaves ? Et fi elle ne l'a pas fait, que peut être
« la levée de cette taxe, finon un vol de la part de
« ceux qui l'exécutent ? Qui font ceux qui doivent
« en être dépofitaires, & en régler l'emploi ? Com-
« ment ont-ils été élus ? Comment ont-ils mérité,
« de la part de leurs concitoyens, une confiance
« auffi illimitée ? Je ne vois dans tout cela que des
« brigands d'un côté, & de l'autre des gens domi-
« nés par la violence ; mais il n'y a aucun caractère
« auquel je reconnaiffe la Nation Genevoife, aucune
« autorité légale, par conféquent aucun principe de
« foumiffion & d'obéiffance.—Vous ne prétendrez
« pas que l'ufage que l'on fait des fommes qui ont
« été extorquées, en légitime l'acquifition ; non, fans
« doute, elle ne ferait pas plus légitime, cette acqui-
« fition, quand elle ferait confacrée au bien public,
« pas plus qu'il ne le ferait d'aller voler fur les grands
« chemins pour faire l'aumône. Mais il n'y a qu'à
« jeter les yeux fur les comptes même que vous
« avez publiés, pour s'étonner de l'impudence avec
« laquelle vous avouez qu'une partie de ces fommes
« a été employée à la folde de vos fatellites, à payer
« les orgies dans lefquelles fe préparaient les crimes
« du lendemain ; & que, fans compter le pillage

" qui n'eſt pas entré dans ces calculs, une portion
" conſidérable de ces contributions forcées a été
" employée à des uſages auſſi honteux, que les
" moyens que l'on employait pour y pourvoir......
" Non, vous ne m'avez pas cru aſſez lâche pour
" porter ma part au coupable tréſor que vous avez
" amaſſé par le crime & la terreur.... Mon cœur
" s'enflamme d'indignation contre votre abominable
" Cromwelliſme. Les voilà donc ces défenſeurs de
" nos libertés ; les voilà ſuivis de leurs tueurs, &
" munis de belles proclamations, dépouillant comme
" des Cartouches, & prêchant comme des Capucins,"
&c. &c. &c.

Cette proteſtation vigoureuſe doit faire quelqu'impreſſion ſur les lecteurs étrangers, puiſque, publiée à
Genève, elle en a produit une ſi profonde ſur les révolutionnaires, que *Bourdillon*, Préſident de la Commiſſion Liquidatrice, & membre du Tribunal auquel
elle a ſuccédé, a été chargé de repouſſer les reproches
de M. Chauvet, & de ramener les révolutionnaires
qu'ils égaraient. Cet apologiſte de la révolution
Genevoiſe a choiſi, dans l'Ouvrage de *l'Eſprit* d'Hel-
vétius, une épigraphe qui développe à quel point les
ouvrages philoſophiques du ſiècle ont perverti &
empoiſonné la tourbe des lecteurs entre les mains deſ-
quels ils ſont tombés. La voici : *Lorſqu'un vaiſſeau
eſt ſurpris par de longs calmes, & que la famine a, d'une
voix impérieuſe, commandé de tirer au ſort la victime
infortunée qui doit ſervir de pâture à ſes compagnons,
on l'égorge ſans remords.*

Tandis que le Gouvernement a laiſſé donner cours
à la publication de cette théorie ouverte de l'aſſaſſinat,

il

il s'eſt hâté de condamner aux flammes la lettre de M. Chauvet. Mais les ſpoliateurs n'avaient pas tardé juſques-là à ſe trouver aux priſes avec des adverſaires plus rapprochés d'eux, & d'autant plus inquiétans, que c'eſt du ſein de leur propre faction qu'ils (1) ont entendu partir les premiers cris de

(1) Cette ſeule épigraphe diſpenſerait ſuffiſamment de faire l'extrait de l'apologie qu'elle amène, & que ſon auteur entame avec componction en confeſſant, *Qu'il eſt permis ſans doute de gémir ſur les événemens qui ont affligé Genève, & qu'on peut plaindre les familles infortunées qui ont été frappées par l'effet des circonſtances impérieuſes.* Il avoue enſuite *que le Souverain n'a rien fait de toutes les choſes* contre leſquelles réclame M. Chauvet : il ajoute même ingénument que, *par ſa nature, l'inſurrection du 19 Juillet violait la Conſtitution* ; mais il affirme que dès-lors *il fallait inévitablement établir un grand pouvoir, à la fois deſpotique & conſervateur, chargé de diriger cette inſurrection....* Si, *dans les premiers momens, il s'eſt commis des vols, des pillages,* s'écrie-t-il avec l'accent de la plus vive douleur, *que Mr. Chauvet n'en accuſe pas les révolutionnaires en maſſe.* Il convient de quelques *événemens, que chacun,* dit-il, *voudrait pouvoir oublier* ; mais il rejette *l'exaſpération des révolutionnaires ſur l*'INFLUENCE TERRIBLE *ſous laquelle ſe trouvait Genève.* Puis, ce miſérable, qui avait été un des principaux agens de la Révolution de 1792, en accuſe *l'aſtucieuſe conduite du Miniſtère Français aux mois d'Octobre, Novembre & Décembre,* 1792. Il rappelle expreſſément *l'ambition des meneurs de ces temps-là de la France, pour entraîner la Suiſſe dans la guerre, afin de s'emparer de Genève, & d'en faire une place forte, préſentant pour principal motif de leurs démarches l'Ariſtocratie enracinée de ſon Gouvernement.*
Ah ! ſans doute, les attentats de la France ſerviront un jour d'apologie à la faible Genève ; mais il ne lui ſera permis de les citer que lorſqu'elle ſe ſera purgée des monſtres qui, pour accom-

défiance & d'alarme fur les mains impures qui allaient fe faifir des fruits du pillage & du tréfor de la révolution.

On peut juger de la défiance, & même du défefpoir des révolutionnaires, par l'extrait fuivant d'un pamphlet intitulé, *Ouvrez les yeux*, & qui n'a pas peu contribué à déchirer le voile. *Répondez-nous, confidens de Roberfpierre, vous qui le vifitâtes à Paris, vous qui correfpondiez avec fes complices ; vous fept, qui vous raffemblâtes fecrettement pour préparer d'avance l'infurrection du 18 Juillet. De quel droit vous arrogeâtes-vous celui de décider du fort de votre patrie? Où font ces confpirations, où font ces complots imaginaires auxquels j'ai pu croire un moment, & que vous promîtes ce jour-là même, de dévoiler à tous les yeux ? Il eft temps enfin de rendre compte de vos fuppofitions au peuple, que vous avez trompé exalté, enivré ; & qu'après avoir rendu criminel vous laiffez, comme un autre Séide. en proie au poifon deftructeur qui circule dans fes veines, & aux remords qui déchirent fon cœur.*

Et c'eft à vos mains impures & fanguinaires que l'on confierait les deniers de l'Etat, feule reffource contre le dernier des malheurs ! O mes chers concitoyens ! au nom de la patrie, veillons autour de ces hommes

___

plir la fubverfion de leur patrie, menacèrent ouvertement fes Magiftrats de réclamer le Décret du 19 Novembre 1792. Que ce foient ces monftres eux-mêmes, qui, depuis la mort de leur protecteur *Briffot*, citent aujourd'hui fa conduite comme leur juftification ; certes, il y a là-dedans une complication de fcélérateffe, de lâcheté & d'effronterie, dont l'ordre focial exige un grand exemple.

couverts de fang, de dettes & de remords ; craignons qu'après nous avoir avilis, ils n'emportent encore avec eux les dernières reffources de la patrie.

Et vous, Boufquet, B... C... &c. &c. n'êtes-vous pas entourés du flambeau des Furies ? Voyez vous ces flots de fang qui vous environnent ? C'eft en vain que vous cherchez à en effacer de vos mains la tache, elle reparaît toujours. Vous flatteriez vous d'échapper, par des remords, à la peine tardive qui fuit le coupable ? Lifez votre fort dans les regards de la Nation. &c. &c. &c.

En vain, pour étouffer ces premiers cris de repentir & de remords, le Gouvernement s'était - il porté, dès le 5 Décembre, à défendre aux citoyens *qui veulent répandre leurs idées, de faire fervir la liberté de la preffe à aigrir les efprits, & à rallumer le flambeau de la difcorde en paraiffant prêcher la néceffité du rapprochement & de la réunion ;* en vain les Syndics avaient-ils déclaré qu'*ils feraient traduire devant les tribunaux tous ceux qui s'en rendraient coupables :* ces vieilles reffources de la tyrannie n'ont fervi qu'à étaler de plus en plus leur complicité dans des forfaits auxquels ils nient toujours d'avoir eu part, tout en cherchant à en effacer le tableau avec tant de foins. Le Gouvernement n'a point réuffi à découvrir l'auteur du pamphlet qu'on vient de citer ; & l'impreffion que produifait cet écrit fur les révolutionnaires eux-mêmes, a tout-à-coup éclaté par l'événement le plus imprévu & le plus menaçant pour les chefs.

A peine ceux-ci eurent-ils réuſſi à exclure de l'Aſſemblée du Peuple preſque tous les citoyens qui ne tenaient pas à leur parti, qu'ils crurent pouvoir ſe haſarder à la convoquer pour la faire procéder au choix d'un Tréſorier-général ; élection qui, comme toutes les autres, ſe fait au ſcrutin ſecret. Qu'on ſe figure leur ſurpriſe, lorſqu'à l'ouverture de ce ſcrutin, il ſe trouva que l'ancien Tréſorier, membre de la Magiſtrature légitime, & deſtituée en 1792, avait 500 ſuffrages de plus qu'aucun des prétendans. Ce Magiſtrat a refuſé très-ſagement cette étrange & dangereuſe marque de préférence ; mais ceux qui y aſpiraient n'en ont pas moins frémi d'indignation & d'effroi, en voyant que dans l'Aſſemblée du Peuple, toute épurée qu'ils la croyaient, leurs ſatellites y déclaraient en ſecret la guerre à cette même Révolution qu'ils ſemblaient toujours applaudir ſi ouvertement dans les Clubs, où les ſuffrages ſe donnent à haute voix.

Bientôt, juſques dans ces Clubs même, ils ont entendu intercéder en faveur de quelques-uns des Eccléſiaſtiques deſtitués, & demander de toutes parts qu'on fît des recherches ſévères contre ceux des révolutionnaires qui, dans le cours du premier pillage, s'étaient permis de détourner à leur profit perſonnel, une partie des rapines. Comme cet orage n'aurait pas tardé à atteindre les grands coupables, ceux-ci ont trouvé le vrai ſecret de le détourner ; d'abord en faiſant nommer une Commiſſion Juridique Extraordinaire, puis en faiſant tomber toutes les pourſuites ſous prétexte que c'eût été entreprendre le procès de la révolution elle-même.

Néanmoins, comme ces premières inquiétudes leur venaient principalement du grand *Club central*, où les révolutionnaires repentans fentaient leurs forces par leur réunion, le Syndic *Gafc*, pour étouffer leur voix, a ofé tenter contre ce Club un coup d'autorité, dont l'inconcevable fuccès a encore correfpondu à fon audace. Il lui a déclaré ouvertement qu'ayant été inftitué pour faire la révolution, il ne pouvait plus fubfifter fans danger depuis qu'elle était accomplie; & moitié par perfuafion, moitié par violence, & en fe faifant feconder par les révolutionnaires les plus ardens, il a réuffi à faire fermer ce Club comme on avait fermé celui des Jacobins à Paris. Il y a cependant ici cette immenfe différence; favoir, que le fameux Club de Paris avait été fupprimé pour avoir voulu prolonger le mouvement déforganifateur de la Révolution Françaife; & que celui de Genève l'a été, au contraire, parce qu'il commençait à s'imprimer de lui-même un mouvement contre-révolutionnaire, & à folliciter l'abrogation de tous les jugemens, le rappel de tous les profcrits, le châtiment de tous les dilapidateurs.

Au furplus, quels qu'aient été les efforts du Gouvernement pour prévenir ainfi la réunion des Clubs révolutionnaires, & même pour réduire ceux-ci à de fimples fociétés non politiques, il n'a pas été en fon pouvoir d'empêcher que les individus de ces Clubs ne continuaffent à élever la voix pour réclamer avec force l'abrogation de tous les jugemens révolutionnaires. (1) Ces réclamations font devenues

_____

(1) L'un des principaux révolutionnaires a eu le courage de publier récemment, dans Genève, & même d'y figner un pam-

fi multipliées & fi foutenues, que le Gouvernement ne pouvant plus fe flatter de s'oppofer à cette volonté bien décidée de la maffe de fon parti, n'a plus cherché qu'à l'éluder en lui faifant agréer la réfolution de ne s'occuper de cet acte de clémence que lorfque l'Affemblée du Peuple aurait fanctionné la taxe révolutionnaire.

Le lecteur n'a point oublié fans doute que les Commiffaires Liquidateurs avaient impofé cette taxe de leur

---

phlet tout rempli d'aveux qui conftatent la fidélité de l'expofé qu'on vient de lire. Ce pamphlet mériterait d'ailleurs de trouver place ici, ne fût-ce que comme un avertiffement des remords tardifs, déchirans mais inutiles, qui fuivent les excès de la licence & du crime.

Après avoir prouvé, par l'hiftoire ancienne, & par la nôtre, que les banniffemens ont toujours fait le mal des Etats qui ont admis cette peine, " Il me refte," dit-il, " à donner mon opinion " fur le rappel des exilés. Je vais le faire avec la franchife " d'un ami né de la liberté & de l'égalité..... La juftice & " l'humanité plaident en faveur de ce rappel. Nos arts, nos " fabriques, notre commerce, ne le demandent pas avec moins " d'inftances. C'eft dans ce rappel que nous trouverons le terme " de nos maux.—Je crois qu'il n'y a pas un Genevois qui ne " verfe des larmes de douleur quand fa penfée s'arrête fur cette " foule de citoyens de toutes les claffes, qu'un mouvement ter- " rible a jetés fur une terre étrangère.... Quel était leur crime ? " Ils avaient, difait on, formé le projet de renverfer la Confti- " tution, cette même Conftitution qu'ils venaient d'accepter " librement..... Cela eft-il prouvé ? Non, car il n'en a pas " même été queftion dans les interrogatoires qu'un petit nombre " a fubis..... C'eft avec éclat que cette confpiration avait été " annoncée, & c'eft encore avec plus d'éclat qu'elle a été ren- " due publique. Mais c'eft en vain que l'homme inftruit cherche

5

feule autorité ; & dès-lors il doit comprendre combien il était important pour eux, de s'affurer le tréfor, qui les aidait à prolonger leur révolution. Ce qui leur importait fur toutes chofes, c'était d'arracher à l'Affemblée du Peuple un gage de leur impunité, en la plaçant

----

" à en faifir les fils, pour juger les dangers qu'il a courus.
" Par-tout, ces fils lui échappent ainfi qu'à ceux qui ont voulu
" la dévoiler. *Heureufement* que les Tribunaux *n'ont eu pour bafes*
" *aucune règle quelconque, aucune loi particulière, aucune organifa-*
" *tion ;* car ils auraient été un peu embarraffés pour motiver leurs
" décifions. Cet aveu naïf eft unique dans les faftes de la
" Juftice.

" Un reproche qui peut fe faire aux exilés, c'eft celui d'être
" attachés aux principes de l'Ariftocratie expirante ; mais une
" opinion ne peut être foumife aux tribunaux fous le règne de la
" liberté & de l'égalité. D'ailleurs ils partageaient ce prétendu
" crime avec Rouffeau, qui dit dans une de fes Lettres : *Je pré-*
" *fère hautement l'Ariftocratie à tout autre gouvernement..* Les
" loix ne doivent pas atteindre la penfée, parce qu'elle eft libre
" comme l'habitant des airs ; les actions feules font l'objet des
" loix répreffives. Un defpote confond l'une & l'autre pour
" arriver plus furement à fon but....

" Quand je parcours la lifte nombreufe des bannis à *perpétuité,*
" par contumac, &c. &c. je me demande fi on a voulu tranf-
" porter ailleurs notre induftrie & notre commerce ; car, en raffem-
" blant ces exilés, on pourrait faire une nouvelle Genève : nous
" avons renverfé dans le Lac notre patrie, & des peuples plus
" fages la pêcheront. L'artifte naturalifera fes talens dans le lieu
" où il le fixera ; les nouvelles fabriques acheveront la ruine des
" nôtres. Le commerçant dont le génie franchit tout, détournera,
" au profit de la patrie adoptive, les canaux qui nous portaient
" l'abondance. Ah! Genève! Malheureufe Genève !"

" *Signé* ETIENNE PESTRE."

entre la cruelle alternative, ou de confommer fon igno-
minie, en fanctionnant, avec l'infurrection du 19 Juillet,
tous les vols qui l'avaient fuivie, ou de laiffer gémir,
loin de Genève, cette foule de citoyens qui l'hono-
raient, & qui feuls pouvaient encore la fauver.

On prétend que trois des chefs de la Commiffion
Liquidatrice, plus prévoyans ou moins confians que
leurs Collègues, leur ont annoncé que le Confeil National ne confentirait jamais à fanctionner ni cette
taxe, ni les violences qui l'avaient extorquée : on fait
même que, pour prévenir un refus éclatant, ils les ont
preffés de la colorer en la commuant en un emprunt
rembourfable par l'Etat, fans intérêts, & après l'ac-
quittement de fes dettes antérieures.   Mais on ajoute
que Boufquet, qui, mieux que tous les autres, pré-
voyait les conféquences inévitables de la plus légère
modification, fe borna à les faire rentrer en eux-
mêmes en s'écriant ironiquement : *Je fuis d'avis que
l'on rende l'argent des taxes, & que l'on pende ceux
qui les ont impofées.* Ce coup-d'œil perçant fur l'avenir lui rattacha tous fes collègues ébranlés ; ils perfif-
tèrent à faire porter, en Février dernier, à l'Affemblée du Peuple, l'avis de fanctionner la taxe comme
propriété nationale ; & l'on peut juger de leur conf-
ternation, lorfqu'ils y virent leur propofition rejetée
à la pluralité des fuffrages.

Il femblait qu'il ne reftât plus à envifager le tréfor
révolutionnaire que comme un emprunt dont on devait rendre compte, ou comme un vol qu'il fallait
reftituer. Loin de fe livrer au découragement, dans
un moment fi critique, Boufquet eft accouru au fecours

cours de fes collègues ; il s'eft agité de nouveau ;
il a protefté, comme de nullité, contre ce premier
Décret, & a infifté avec force pour qu'on rappelât
d'une fentence, dont dépendait, difait-il, l'exiftence
de la République, c'eft-à-dire, en d'autres termes,
l'abfolution ou le châtiment de fes affociés. Cependant il a eu grand foin de ne développer au peuple
que des motifs qui, en apparence, leur étaient abfolument étrangers. Il a repréfenté que, lors même
qu'il n'y aurait pas eu de raifons fuffifantes pour impofer cette taxe, il y en avait mille pour la prolonger ;
que le haut prix des fubfiftances qu'on tirait d'Allemagne à fraix énormes, faifait de ce tréfor la fauve-
garde de l'Etat, & que ce ferait prononcer l'arrêt
d'une famine immédiate & générale, que de reftituer
aux riches des fommes que les circonftances rendaient
indifpenfables, pour affurer la fubfiftance du pauvre,
à l'approche de l'une des plus grandes difettes où fe
foit trouvé l'Europe. Un pareil argument devait
avoir d'autant plus de force, qu'une grande partie de
la contribution fe trouvait déjà confommée en achats
de bleds étrangers, achats qui font devenus le patrimoine du pauvre, puifque le Gouvernement les dif-
tribue enfuite avec perte de 400 louis par femaine ;
facrifice énorme, qui lui a fourni un moyen déguifé de
continuer une efpèce de folde à la foule de ceux que
la révolution a plongés dans le défœuvrement & dans
la misère.

On comprend combien ce cri d'alarme fur les fubfiftances a dû rallier de plus en plus, autour des
chefs, toute la tourbe des indigens ; & combien il

doit avoir embarraffé les hommes de bien, qui
infiftaient pour la reſtitution de la taxe. D'ailleurs,
comment rendre des ſommes déjà dilapidées ? & comment arracher des reſtitutions à des dilapidateurs pour
la plupart chargés de dettes?

Au reſte, ceux-ci ne ſe ſont pas bornés à employer
les motifs de perſuaſion ; ils ſe ſont bien gardés de
négliger, pour faire ſanctionner la taxe, les mêmes
moyens qu'ils avaient mis en uſage pour l'impoſer.
Dès qu'ils eurent réſolu de convoquer à ce ſujet une
ſeconde Aſſemblée du Peuple, ils en ont forcé d'avance
le réſultat, en menaçant hautement d'une ſeconde
inſurrection ; en inſinuant que les révolutionnaires
furieux demandaient déjà de nouvelles victimes ; que
l'influence étrangère peſait ſur Genève autant que jamais ; que c'était une grande illuſion d'imaginer que
les Jacobins Français marchaſſent à leur deſtruction ;
que tôt ou tard ils triompheraient, parce qu'eux ſeuls
avaient aſſez d'énergie pour ſauver leur République ;
& que celle de Genève était perdue, ſi, au moment
de leur triomphe, ils trouvaient ſa révolution dans
un mouvement rétrograde. Le Gouvernement n'a
pas dédaigné d'ajouter ſon ſceau à ces ſuggeſtions
menaçantes : il a déclaré avec l'air de l'effroi, que
près de 800 révolutionnaires ſubalternes ſe préparaient à prendre les armes pour ſoutenir la taxe ;
qu'il n'oſait point répondre des conſéquences d'un
refus ; & que l'Etat ne pouvait être garanti d'une
nouvelle criſe qu'en conſervant au Gouvernement un
tréſor, ſans le produit duquel il allait être abſolument paralyſé & hors d'état de ſolder les tribunaux

& les fonctionnaires publics. L'effroi s'eft bientôt emparé de la maffe des révolutionnaires honnêtes & timides : ils fe font flattés que la fanction pour laquelle on infiftait, ferait l'achèvement de la révolution ; ils ont cédé à ces nouvelles menaces ; & la même Affemblée du Peuple qui venait de prononcer fouverainement l'illégalité de la taxe, a eu la lâcheté de la fanctionner le 19 Mars.

On a vu que le Gouvernement n'avait réuffi à acheminer une pareille adhéfion qu'en promettant que cet acte de faveur qu'il follicitait, ferait l'avant-coureur de celui qu'on lui demandait en faveur des victimes des Tribunaux Révolutionnaires. Le cri qui réclamait leur délivrance devenait fi preffant, que les différens Clubs des révolutionnaires fe hâtèrent dès le lendemain de s'affembler pour émettre leur vœu à ce fujet, & annoncèrent au Gouvernement que, fur 2302 Patriotes, 1952 s'étaient unis pour folliciter l'abrogation immédiate de tous les Jugemens.

Il faut convenir que la fituation du Gouvernement devenait de plus en plus embarraffante. Comment fe difpenfer de porter un cas de cette gravité à l'Affemblée du Peuple ? Comment douter de la décifion éclatante de celle-ci, lorfque près des neuf dixièmes du feul parti révolutionnaire venaient de la ploclamer d'avance ? Et cependant, fi l'on mettait une fois cette Affemblée fouveraine à portée de prononcer fur l'illégalité des deux Tribunaux, comment fauver les Juges y avaient fiégé ? Dans une pofition fi critique, le Gouvernement n'héfita point à prendre exclufivement fur lui tout le mérite de l'abrogation de leurs jugemens; mais en les annullant de fa fimple autorité, il fut forcé à reconnaître qu'il en avait été ref-ponfable, puifque c'était fuffifamment avouer qu'il les envifageait comme de fon reffort. *Les Syndics & Confeil déclarèrent* donc, *au nom de la Nation, que tous les Jugemens Révolutionnaires* CESSAIENT D'AVOIR LEUR EFFET. Hideufe effronterie! comme s'il était au pouvoir de ces Syndics confpirateurs de faire *ceffer les effets* d'une confpiration qui a coûté la vie à l'élite des Magiftrats de Genève; confpiration dont le fouvenir ne doit jamais s'éteindre, & dont la honte rejaillira fur les générations futures de cette malheureufe peuplade, auffi long-temps du moins qu'on pourra lui reprocher de n'avoir pas fait juftice de fes auteurs.

On conçoit que, dans cette *Déclaration*, du 23 Mars, le Gouvernement s'eft appliqué, fur toutes chofes, à ne point inculper la légalité des Jugemens qu'il abrogeait : mais croirait-on que pour donner à cet acte forcé l'air de la clémence & d'un acte de grace, il s'y eft adreffé, à fes partifans, en ces termes : *Citoyens partifans de l'égalité! Rien n'eft plus grand que les fentimens qu'elle infpire: fongez qu'elle eft la ténacité de vieilles erreurs, de préjugés antiques, d'opinions qu'on a fucées avec le lait; qu'une longue jouiffance, & des relations habituelles, ont imprimées dans tous les fibres.* VOTRE INDULGENCE, VOTRE SUPPORT, *font les feuls remèdes qui peuvent les guérir. Le triomphe de la plus belle caufe, pour être jufte, doit être* GÉNÉREUX. *C'eft de vous que dépend le rapprochement des efprits & des cœurs..... Il eft temps que des fiècles de bonheur expient & rachètent les malheurs paffés,* &c. &c.

Au furplus, malgré l'air de fécurité qu'ils affectent encore, il était jufte qu'après avoir irrémiffiblement enveloppé leur patrie dans l'atmofphère Françaife, les oppreffeurs de Genève éprouvaffent à leur tour toute l'inconftance du Ciel déchaîné, fous lequel ils l'avaient placée ; auffi n'ont-ils guères tardé à fe voir férieufement menacés par l'orage qui vient de fondre fur les chefs des Jacobins Français, dont la cataftrophe univerfelle accélère de plus en plus la leur. A peine ceux de Genève eurent-ils arraché au peuple l'acte qu'ils avaient envifagé comme la garantie de leur impunité, que cet Acte même ne put déjà leur paraître autre chofe qu'un répit. On prétend que, dans l'efpoir de le prolonger, ils ont eu un moment l'intention d'étouffer le cri de haine & de vengeance qui s'élève contre eux, en recommençant les fcènes tragiques auxquelles la mort de Robefpierre avait mis fin ; on ajoute qu'ils n'y ont même renoncé que parce qu'il était évident que la Convention Françaife ne pourrait plus y applaudir, & que le peuple Genevois ne fe laifferait plus glacer par la menace effrayante d'être réuni à la France, s'il tentait de réfifter.

Ils fe bornent donc à fe récrier avec indignation contre ce qu'ils appellent le changement fcandaleux de l'efprit public, mais qui n'eft en réalité que le réveil de cet efprit public qui, comprimé jufqu'à préfent par la terreur des Jacobins Français, commence à reprendre quelque effor depuis la défaite de ces auxiliaires. Celle des Jacobins Genevois eft d'autant plus fure, que c'eft aujourd'hui de Paris même qu'arrivent les armes fous lefquelles ils doivent iné-

vitablement fuccomber. Déjà les jeunes Genevois
qui reviennent de France, invitent hautement leurs
compatriotes à laiffer éclater librement l'horreur
qu'infpirent par-tout Robefpierre & fes imitateurs;
ils en ont même donné l'exemple en chantant dans un
Concert public, en préfence des principaux agens du
19 Juillet, la Chanfon, célèbre en France fous le
nom de *Réveil du Peuple*. Les Terroriftes Genevois
en ont pâli : d'abord ils fe font vus forcés à la baffe
hypocrifie d'y applaudir ; puis ils ont effayé d'ameu-
ter leurs fatellites en menaçant de faire affommer
les chanteurs : mais comme, cette fois, la victoire
aurait été douteufe, ils fe font vus réduits à avoir
recours à une nouvelle efpèce d'arme bien autrement
dangereufe, pour eux, que le glaive révolutionnaire.
Ils viennent d'entamer une guerre de plume pour
tenter l'apologie de leur dernière révolution ; entreprife d'autant plus hardie, qu'ils n'ont point, comme
les Français, l'extrême commodité de pouvoir reverfer
leurs crimes fur des complices qui n'exiftent plus.

Tous les Terroriftes Genevois font vivans; & ce
font eux-mêmes qui ofent écrire l'hiftoire de leur
fanglante révolution. J'ignore s'il eft vrai, comme
on le dit, que dans leurs conciliabules fecrets ils fe
la rejettent les uns fur les autres ; mais devant le
public, c'eft *Soulavie* qu'ils en accufent, fans doute
parce qu'il eft dans les fers: ils remontent même
à *Briffot*, qui eft dans la nuit du tombeau ; &
ils ont été jufqu'à s'en prendre à la faction Françaife de *la Montagne*, faction anéantie, mais dont ils
avaient fait un fi brillant éloge dans le Rapport de

leur fecond Tribunal.* C'eſt de là qu'ils ſe poſtent pour développer la douloureuſe obligation où ils ſe ſont trouvés de ſauver l'Etat des dangers du dehors, en l'expoſant au dedans à une criſe, dont, à les en croire, les effets ont été paſſagers, & ſont tous répa-rables.†

---

* Voyez, page 76, ce Rapport, où ils félicitent les Monta-gnards François d'avoir *détruit une faction liberticide.*

† *Bouſquet* lui-même eſt enfin deſcendu de ſon petit trône révo-lutionnaire pour expoſer ſa conduite, & les titres qu'elle lui aſſure à la gratitude des vrais Genevois, Il a appelé *larmes de croco-dile* les nouvelles larmes que leur a fait répandre le tableau que j'ai tracé de leurs malheurs ; & il s'eſt élevé avec une ſainte indi-gnation contre *ces lamentateurs aveugles ou malveillans qui, au lieu de s'occuper à réparer tranquillement les maux de la République, la ſouillent eux-mêmes, & la ruinent à force de crier qu'elle eſt ſouillée.*

Quelque dégoûtant qu'il puiſſe être, pour un homme d'honneur, de ſe traîner ſur l'*apologie* de ce miſérable; j'en dois au public l'ex-trait, puiſque cette pièce, intitulée *Précis Hiſtorique de ſa Conduite,* eſt une réponſe au *Tableau* qu'on vient de lire : d'ailleurs, ou je ſuis bien trompé, ou ſon écrit ſera infiniment plus inſtructif que le mien; & de pareilles confeſſions doivent trouver place dans le dépôt des pièces qui ſerviront à l'hiſtoire de la révolution des Français. En voici le début :

" Dans les époques orageuſes, tout homme qui ſe trouve placé
" au timon des affaires publiques devient ordinairement un pro-
" blême à réſoudre; l'enthouſiaſme le préconiſe, la calomnie le
" déchire.—J'euſſe peut-être gardé complettement le ſilence, ſi
" mes yeux ne fuſſent tombés par haſard ſur un pamphlet qui
" circule ici clandeſtinement, & dans lequel je ſuis indignement
" outragé. La calomnie tente donc encore d'empoiſonner ſourde-
" ment ma réputation : il faut uſer de l'antidote, oppoſer publique-
" ment au ténébreux menſonge la lumière de la vérité.—Ce
" libelle anonyme, intitulé, *Tableau de la Révolution Françaiſe à*

Malheureufement pour eux, comme ce font leurs
propres partifans qui fe chargent du foin de les
démentir, il en eft réfulté, entre les révolutionnaires
eux-mêmes une efpèce de controverfe qui dévoile de
plus

" *Genève*, eft dirigé contre tout ce qui s'eft paffé à Genève en
" politique depuis 5 ans. Les principes en font ceux d'un répro-
" bateur déclaré de l'égalité politique, d'un plat prôneur des
" miférables modifications faites en 1789 au régime de 1782. L'au-
" teur, qui réfide à Londres, s'avife entr'autres, de raconter *depuis*
" *là* aux Etats-Unis de l'Amérique, la Révolution du mois de
" Juillet. Il prétend leur en développer tout le tiffu, fur lequel
" il eft de fait cependant que les témoins oculaires eux-mêmes,
" ceux du moins qui veulent être juftes, fufpendent encore leur
" jugement, & attendent de nouvelles lumières. . . . . . .
 " Je ne profiterai point de l'extrême commodité que l'on trouve
" à préfent à crier contre Robefpierre, & contre les Jacobins ; je
" laifferai l'hiftoire, la poftérité peindre les *services* & les forfaits
" de cet homme fameux, de cette fociété célèbre. . , ...
" Je me bornerai à citer ce que j'ai fait avec Robefpierre, avec
" les Jacobins, de leur vivant."
Après avoir ainfi jeté quelques fleurs fur la tombe de Robefpierre, fon apologifte (le feul écrivain qui, dans toute l'Europe,
ait ofé, depuis fa mort, parler ouvertement de fes *services*,) cet
apologifte expofe les *services révolutionnaires* qu'il a rendus lui-
même à Genève. *C'eft*, dit-il, *lorfque l'homme de bien n'a plus
d'autres armes que fon innocence, qu'il lui fied de folliciter l'infpection
de fa conduite.*
Les bornes de cet écrit ne me permettent point de le
fuivre pas à pas dans l'expofé qu'il fait de fa révolution ; on
n'en connaît que trop les détails : il fuffit de dire qu'il s'attache
à en rejeter tout l'odieux fur le feul homme qui, étant loin de
Genève, & dans les fers, n'eft plus à portée de le démentir.
Le fatal deftin de Genève, s'écrie-t-il, *avait conduit dans fes murs
le plus aftucieux, le plus méchant des hommes (Soulavie), & l'y
avait revêtu d'un caractère inviolable.*
Il a raifon fans doute ; mais ce Miniftre Français n'aurait
jamais

plus en plus toutes les turpitudes, & qui eſt devenu ſi inquiétante pour les Chefs, que le Robeſpierre de Genève n'a bientôt plus oſé ſe montrer en public,

---

pu accomplir dans Genève ſon œuvre infernale, s'il n'y avait pas trouvé un Genevois vraiment propre à devenir le *Satan* de la pièce qu'il préparait. La dernière ſcène du rôle de celui-ci n'eſt pas celle qui prouve le moins combien il était digne d'être le conſident de *Soulavie* : ce dernier eſt dans les liens d'un Décret d'arreſtation, & *Bouſquet* accuſe ouvertement ſa conduite d'avoir préſenté *l'une des plus étranges collections de fourberie, de malice & de duplicité que puiſſent offrir les faſtes de la Diplomatie.*

Après avoir ainſi préparé ſon apologie, *Bouſquet* proteſte ſolemnellement *qu'il ſe précipita dans le gouffre révolutionnaire pour y ſeconder les vues utiles des inſurgens, s'ils en avaient ; pour y déjouer les trames des pervers, dont le ſecret ne pouvait ſe découvrir que dans le fond de l'abîme.* Il aſſure qu'il ne ſe jeta *dans l'inſurrection que pour en régulariſer le mouvement, & en dominer les dangers ;* qu'il ne propoſa le Tribunal Révolutionnaire que *pour prévenir les abominations du maſſacre des détenus,* leſquels, à l'entendre, *n'auraient offert que des cadavres* à juger, ſi l'on eût tardé *un jour de plus* à ériger le Tribunal, qui fut, dit-il, une *meſure de ſalut. Je conviendrai toujours ſans en rougir,* ajoute-t-il, *d'avoir participé à ſon inſtitution, & j'épargnerai à mes concitoyens la peinture de ce que m'a fait ſouffrir la néceſſité d'en être membre. Je ne crains pas de l'avouer auſſi, j'appuyai fortement la meſure de lever une taxe extraordinaire ; j'ai l'intime conviction qu'elle a ſauvé Genève ; qu'elle doit,* SI ELLE TIENT, *aſſurer ſon repos, & contribuer puiſſamment à ſa reſtauration ; & que ſans elle la République eſt menacée de périr de mort violente, ou de maraſme, &c. &c.*

On peut prononcer ſur la totalité de cet écrit, par l'une des aſſertions qui le termine, & qui contient l'aveu naïf de tout ce que j'ai imputé à ce Robeſpierre ſubalterne.

A mon retour de Paris, lorſque je vis de près les maux qui accablaient Genève, & les dangers qui la menaçaient, je cherchai à la ſortir de l'état critique où elle ſe trouvait, en organiſant, de concert

R

de peur d'y être infulté, & de s'entendre menacer du fort qu'a éprouvé celui de Paris. Il avait même pris le parti de s'exiler lui-même ; mais trop fignalé dans toute l'Europe pour efpérer un afyle autre part que fous l'empire de la Convention Françaife, dont il s'était flatté naguères de recueillir des actions de graces, il a eu la douleur de la trouver dominée par cette même faction des Giròndins, que la fienne venait de traiter de *faction liberticide*. Auffi, écrit-on que la France a vomi une feconde fois ce monftre fur Genève, & qu'il y eft attendu. Je ne fais fi l'expectative d'un châtiment inévitable lui aura permis de fe remontrer

---

avec plufieurs citoyens, quelques mefures fages, fortes, bien combinées, propres à atteindre ce but fans péril & fans fecouffe. Me demandera-t-on ici ce que je prétendais faire ? Je répondrai que je n'avais point de plan fixe encore ; mais comme je ne crains point de montrer le fond de mon ame à nud, je dirai que mes idées tournaient en général autour de trois moyens principaux ; l'exil des chefs des deux factions qui perdaient la République, l'expulfion de Soulavie, & la levée d'une contribution extraordinaire..... J'entendais que ce plan eût été fuivi & réalifé SANS VIOLENCE, *par la feule expreffion du vœu* FORTE-MENT PRONONCE' *d'une maffe de Patriotes.*

Il finit par déplorer qu'il ait été *accompagné* de ce qu'il appelle *des accidens fâcheux.*

Quels aveux !.... Il eft donc des fcélérats donc les confeffions font pires encore que la lifte de leurs crimes...... Que penfer d'un affaffin de grandes routes, conduit devant fes Juges, encore chargé de pillage, & couvert de fang, qui prétendrait faire éclater fon innocence en leur atteftant qu'il n'aurait point fongé à égorger fa victime, fi elle lui eût livré fa bourfe lorfqu'il le lui avait *fortement prononcé ?*.....Encore, les nombreufes victimes de l'affreux *Boufquet*, furprifes au milieu du fommeil, n'avaient pas même tenté la plus légère réfiftance ! ! Oh dégradation ! Oh férocité !!...

à des compatriotes, fur lefquels il n'ofait déjà plus porter fes regards ; mais tôt ou tard il accomplira toute entière la prédiction que lui fit le vertueux Naville. *Vous mourrez,* lui dit-il, *fans ofer lever les yeux vers le Ciel.* En attendant ce fort, Boufquet & fes complices éprouvent déjà celui que leur avait annoncé M. Chauvet : *Ils effayeront en vain,* écrivait-il, *de fortir de cette ville qu'ils ont défolée ; ils y feraient bientôt repouffés par le mépris & l'horreur du genre humain.*

Déjà quelques efforts qu'ait fait le Gouvernement pour confommer la révolution en achevant de pervertir l'efprit public, & de corrompre tout ce qui reftait au peuple de morale & de rectitude ; chaque fois que le Confeil National eft convoqué, il préfente une majorité confidérable toujours prête à défavouer la révolution, & à repouffer fes auteurs de toutes les places qu'ils ont l'audace de poftuler. Celui qui vient d'avoir lieu le 5 Avril, pour nommer les quatre Syndics de l'année, a eu grand foin de les choifir parmi les candidats les plus connus pour n'avoir point connivé aux forfaits de ceux qui fortaient de charge. Quelle que foit l'incapacité de ces nouveaux Syndics, leur inftallation a paru une véritable délivrance, par cela feul qu'elle a forcé leurs prédéceffeurs à rentrer dans la foule ; & que celle-ci a pu fe permettre de s'entretenir de leurs crimes, en attendant qu'elle leur en demande compte. On récite déjà avec indignation, que l'un d'entre eux, le Syndic *Gafc,* qui fe trouvait en même temps membre du Clergé, a laiffé exercer aux révolutionnaires toutes fortes d'indignités contre les plus vertueux de ses anciens collègues. On dit, qu'afin de s'emparer des passions des hommes corrompus, il a tout-à-coup affecté des mœurs encore plus dissolues qu'eux, & qu'il a affiché, pendant tout le cours de la dernière révolution, la plus scandaleuse impiété & l'insensibilité la plus atroce. Des révolutionnaires qui l'avaient pressé d'ordonner quelques mesures pour mettre à l'abri d'un massacre général, les nombreux détenus qu'on en menaçait, l'accusent même de leur avoir répondu froidement : *J'aime mieux qu'il périsse trois ou quatre cent Aristocrates, que si un seul Patriote recevait une égratignure.*

Il avait eu pour digne adjoint dans son Syndicat, un artisan qui s'était rendu comme lui le favori de la précédente révolution, en la prêchant dans un Journal intitulé *Le Fils Duchesne,* dans lequel il ne réussit que trop à marcher sur les traces de l'infâme *Hébert,* en prenant le langage de l'irréligion & de la débauche ; production ordurière qui plaça le disciple à la tête de la Municipalité Genevoise, comme son maître *Hébert* était parvenu à gouverner celle de Paris.* Choix flétrissans, année de dégradation, Syndicat pendant le règne duquel Genève a été couverte

---

* Des deux autres Syndics, un voile épais semble envelopper encore la conduite de celui qui avait le commandement de la force publique ; mais il aura un grand compte à rendre au public, pour se disculper de la complicité dont on l'accuse. Quant au quatrième, il est resté absolument nul dans l'insurrection ; & si ce n'est pas être criminel que d'avoir siégé avec des usurpateurs, voici tout ce qu'on peut dire en sa faveur :

Il n'est pas criminel, il n'est pas innocent.

de fang & de crimes. Oh! comment cette année
s'effacera-t-elle de fes annales ? Comment détruire ce
qu'a créé la révolution ? Comment reffufciter ce
qu'elle a détruit ?

Les fucceffeurs de ces criminels Syndics n'ont
encore déployé d'autre caractère que la pufillanimité,
appanage effentiel des hommes qui ont la faibleffe
de fe laiffer enrôler dans un parti criminel, & qui
n'ont ni le courage de le fuivre dans fes crimes, ni
celui de s'en féparer ; bien moins encore, celui de les
punir. Placés entre les chefs des oppreffeurs, qui
affectent toujours une attitude menaçante ; entre les
opprimés qui commencent à lever la tête, & les divers
départemens de l'Etat, qui ont conftamment refufé
de reconnaître l'autorité révolutionnaire ; ces nouveaux Syndics ne favent que louvoyer ; ils cherchent
à ménager également les deux partis, & s'occupent,
par deffus tout, à les empêcher d'en venir aux mains.
Cependant, leurs ménagemens les plus marqués font
en faveur des ardens révolutionnaires ; fans doute
par cela feul, qu'ils en redoutent perfonnellement
les attentats. Croirait-on, par exemple, que bien
que *le grand Club Fraternel des Révolutionnaires de
la* MONTAGNE *de Genève* ait été fupprimé, cette
affiche refte encore en lettres d'or fur la porte de ce
bâtiment public ; & que le nouveau Gouvernement,
malgré fon defir fincère, n'a point ofé la faire enlever,
quoique ce mot foit profcrit en France, & qu'on affomme
fans miféricorde, dans les contrées Françaifes voifines de Genève, tout homme qu'on foupçonne avoir
été accolé à la *Montagne* de Paris ?

Mais ce qui va paraître bien plus étonnant encore, c'eſt que, malgré l'énormité de la contribution forcée, les adminiſtrateurs de cette année ſe trouvent déjà, relativement aux finances, dans un état d'épuiſement preſqu'auſſi critique que celui que leurs prédéceſſeurs avaient allégué l'année précédente, pour provoquer leurs exactions révolutionnaires. Les émigrations & la miſère publique ont preſque complettement tari la ſource, autrefois ſi abondante, des aumônes, & ont déſſéché celle des contributions annuelles : toute la vaiſſelle arrachée aux propriétaires a été bientôt frappée & émiſe ; & quant aux autres produits de la taxe révolutionnaire, ce qui en a été perçu juſqu'ici a été promptement diſſipé, ſoit par l'approviſionnement des greniers de l'Etat; ſoit par les diſtributions gratuites faites aux pauvres; ſoit par les ſalaires des fonctionnaires publics, que la nouvelle Conſtitution a multipliés à l'infini; ſoit enfin par les ſommes conſidérables que le Département des Arts a prodiguées pour des objets de pur agrément. Au lieu de ſupprimer la plupart des agens ſubalternes, qui, bien loin d'aider la marche des affaires, ne font que l'entraver, le croirait-on ? le Gouvernement vient de porter ſes premiers retranchemens ſur la modique paie des membres du Clergé non deſtitués ; & il a ſuſpendu toutes réparations aux édifices publics !

Il n'y a cependant encore qu'une année que s'opéra à Genève la ſubverſion univerſelle des fortunes, & le verſement des propriétés dans le tréſor de l'Etat. Pour conduire le peuple à cette conquête, ſes ſéducteurs lui avaient promis qu'à l'aide de ce tréſor, il aurait un gouvernement paternel, puiſſant, capable de ſecourir la claſſe indigente, & en état de travailler ſans délai à des inſtitutions durables, *propres à prévenir ſa misère.** Quel prompt & affligeant décompte! Que ſont devenues toutes ces pompeuſes promeſſes? Quoi! de tant de ſpoliations, il ne reſte plus que le remord; & la détreſſe des finances publiques couronne déjà la miſère des individus!... Infortunés Genevois! Puiſſe du moins votre exemple être utile aux peuples à qui des corrupteurs ſemblables aux vôtres, prometraient de les conduire à l'âge d'or à travers le crime! Certes, il ne vous ſuffit pas d'expier vos misères en les ſupportant avec réſignation: publiez-les vous-mêmes avec éclat; faites retentir toute l'Europe de vos gémiſſemens. Pour vous, l'unique moyen d'obtenir des autres nations le pardon du crime énorme que vous avez laiſſé commettre, c'eſt de leur en préſenter les horribles réſultats; c'eſt d'en faire pour eux un fanal qui les éclaire à temps ſur le gouffre où vous a précipité la doctrine Françaiſe qu'on oſe leur prêcher encore.

Au milieu de tant d'épreuves, le nouveau Gouvernement Genevois en trouve de non moins inattendues dans la difficulté de faire marcher la nouvelle Conſtitution dont il ſe trouve le miniſtre, & qui n'avance que par ſecouſſes. Chaque rouage dont on fait l'eſſai eſt arrêté ou briſé par des frottemens ou des contre-coups, dont la Convention Genevoiſe ne

---

* Voyez page 38.

s'était pas même douté, & auxquels, ajoute encore l'impéritie des nouveaux fonctionnaires publics. Les divers départemens de l'Etat s'arrêtent ou se jalousent mutuellement ; & les révolutionnaires ne trouvent pas parmi eux un seul homme en état de débrouiller ce petit chaos politique, ou capable de donner à l'administration une marche ferme & sure. Tout étonnés de voir que leur Constitution Démocratique ne peut pas mieux *marcher* que celle des Français, ses auteurs parlent déjà ouvertement de la modifier en la simplifiant encore, tandis que la très-grande pluralité du peuple Genevois jette des regards de regrets & d'amour sur la Constitution mixte dont ces législateurs empiriques l'ont privé. Si les principes de *l'égalité absolue* ont produit une pareille confusion dans une bourgade de 25 mille ames, accoutumées à une grande égalité politique, doit-on s'étonner que la Convention Française, qui en représente vingt-cinq millions, vienne d'être enfin forcée de leur avouer que cette *égalité absolue n'est qu'une chimère ?*

Mais ce qui ajoute, plus que tout le reste, aux embarras du nouveau Syndicat Genevois, c'est que, d'un côté, il s'est imposé la loi de contenir les anarchistes, qui, sous l'ancien, avaient contracté l'habitude d'assaillir tous les individus qui leur déplaisaient; & que, de l'autre, la fréquence de ces outrages, & leur impunité, ayant enfin poussé au désespoir la jeunesse du parti qui y était en butte, lui ont fait prendre la ferme résolution de se défendre au risque même d'un massacre général, qu'on lui avait sans cesse représenté comme inévitable en pareil cas. Un

état

état si violent devait amener quelque crise, & elle pouvait être terrible : il n'en est cependant résulté qu'un léger incident qui, quoique d'abord fort alarmant, ne peut avoir que des suites heureuses.

Le 27 Mai, à la réception des lettres de Paris, qui annoncèrent le triomphe complet de la Convention sur les Jacobins de cette capitale, quelques-uns de ceux de Genève recommencèrent leurs aggressions pour faire croire qu'ils ne se regardaient point comme affaiblis par une semblable catastrophe ; & ils assaillirent, dans une place publique, un jeune homme, qui portait une cravate verte, espèce de signe de ralliement que quelques Genevois, ennemis déclarés de l'anarchie, ont adopté, comme à Lyon, en signe d'espérance. Celui-ci tira un poignard, dont il tua son aggresseur, membre du fameux Tribunal Révolutionnaire, & blessa l'un de ses satellites. Le Gouvernement, qui avait prévu quelque rixe semblable, & qui avait même pris des mesures pour la prévenir, fit très-prudemment prendre les armes à toute la milice. Celle-ci se rangea sans balancer sous ses ordres, à l'exception des insurgens de la nuit du 19 Juillet, lesquels, au nombre de 120 à 140, se jetèrent de nouveau sur le Parc d'Artillerie, en menaçant de se venger eux-mêmes, si l'on ne vengeait pas la mort de leur collègue. Ils se trouvaient en insurrection ouverte, par cela seul que le poste dont ils s'étaient emparés, n'était point le leur, & qu'ils refusèrent expressément de poser les armes, lorsque le Gouvernement en donna l'ordre général. L'occasion était belle pour les combattre, puisque, parmi les révolutionnaires eux-mêmes, on eût trouvé un nombre suffisant de citoyens qui n'auraient pas mieux demandé fans doute que ce prétexte honorable de fe purger du fang innocent dans celui des vrais coupables; & cette vengeance éclatante prife les armes à la main, aurait fuffi pour les rétablir dans l'opinion de l'Europe. Le Gouvernement n'a point ofé y concourir : foit faibleffe réelle, foit prudence peut-être, il a préféré, comme tous les gouvernemens timides, négocier avec les infurgens. Ceux-ci lui rendirent le Parc d'Artillerie, à condition que le jeune homme qui avait donné le premier exemple d'une réfiftance fi utile à l'ordre public, ferait jugé dans le même jour. Heureufement il s'était évadé ; les Juges l'ont condamné à mort par contumace, en lui imputant à crime, non point de s'être défendu, mais de s'être fervi d'un poignard préparé à cet effet, & non d'un couteau ou autre arme occafionnelle.

Si cet incident a montré la nullité du Gouvernement ; la réunion de toutes les claffes pour lui prêter leurs forces contre les anarchiftes, a fuffi pour convaincre ceux-ci de leur extrême faibleffe. Tout eft bientôt rentré dans l'ordre précédent, à cela près, que les émigrations ont augmenté, qu'il exifte un fcélérat de moins, que fes affociés paraiffent falutairement effrayés, & que, fuivant toute apparence, ils n'oferont plus recommencer les aggreffions individuelles, qui ont tant flétri Genève depuis trois ans.

L'expofé qu'on vient de lire fuffit pour faire comprendre qu'il y a, dans ce moment à Genève, trois partis diftincts qui correfpondent très-exactement à ceux qui divifent la France.

Le premier eft celui des *Ultra-révolutionnaires*, ou, autrement dits, *Jacobins*; lefquels ont dominé un moment leurs maîtres en outrepaffant leur propre doctrine. Ce n'était point à une révolution qu'afpirait cette claffe, mais à une fuite de révolutions, c'eft-à-dire à un ordre de chofes qui eût mis habituellement à l'ordre du jour les violences & le pillage dont elle a fait un premier effai avec tant d'impunité. Il paraît qu'à Genève, encore plus qu'en France, on s'était exagéré les forces de ce parti; & l'événement qu'on vient de voir, a fourni, pour la première fois, le dénombrement de ceux qui fe fentent la confcience bourrelée, & qui s'attendent à la vengeance des loix, fi elles reprennent leur empire. Sans doute c'eft une efpèce de confolation pour tout Genevois qui gémit aujourd'hui de porter ce nom, de penfer que le parti qui a bouleverfé fa patrie, ne préfente pas la centième partie de la communauté : encore, comme il renferme beaucoup d'étrangers, qu'il fuffira d'expulfer ; on peut fe flatter qu'en choififfant, parmi le refte, les plus grands criminels, on pourra venger la liberté de Genève, & fes loix, fans avoir befoin, peut-être, de verfer autant de fang coupable, qu'il a été verfé de fang innocent.

Le fecond parti eft celui des *Révolutionnaires*; dans lequel on ne doit point comprendre ceux qui, dominés par la terreur, ont paru s'affocier à Boufquet en 1794; mais uniquement ceux qui firent, en 1792, ce qu'ils appelaient alors *la conquête de l'égalité abfolue*. Or, ce parti ne peut point fe diffimuler qu'il a reçu l'annonce certaine de fa défaite dans l'aveu que vient

de faire la Convention Françaife, que cette égalité
politique *n'eft qu'une chimère*. La diftinction qu'elle
cherche à rétablir entre les citoyens actifs & non-actifs,
eft le prélude affuré de la réfurrection des loix de
Genève, qui n'admettaient dans l'Affemblée Légiflative que la partie de la population qui y était propre.
D'ailleurs, les plus honnêtes entre les partifans de
cette égalité abfolue avaient été défenivrés à Genève,
bien long-temps avant les Girondins Français. Quelque grande que foit pour eux la difficulté de revenir
en arrière ; tout annonce qu'ils auraient, à cet égard,
devancé leurs inftituteurs, s'ils l'avaient ofé, & s'ils
n'étaient pas retenus par l'un de leurs chefs nommé
Anfpach, qui, par fon fanatifme défendra, le plus long-
temps qu'il pourra, cette égalité chimérique, & qui ver-
rait plutôt bouleverfer de nouveau la République, que
de ne pas prolonger l'effai de la nouvelle Légiflation,
dont il fe croit le Lycurgue. Cet énergumène politique,
qui ne ferait que ridicule fi fes opinions extravagantes
n'avaient pas amené tant de fléaux fur Genève, paffait
encore, il y a trois ans, pour un homme tout rempli
de courage, de religion & de patriotifme : cependant,
à l'approche de l'armée Françaife, il déferta lâchement fa patrie, tandis que tous les jeunes eccléfiaftiques, fes collègues, s'armèrent pour la première fois,
afin d'en défendre les remparts : il n'y rentra qu'après
le danger, encore fut-ce pour y prêcher l'égalité abfolue ; & il ne tint pas à lui de l'étendre jufques fur
la religion, en faifant admettre indiftinctement toutes
les religions, toutes les fuperftitions du monde dans

Genève, le berceau du Proteftantifme. Bientôt après la diffolution de l'Affemblée Nationale, où il s'était trouvé réduit à l'honneur du fecond rôle, il abdiqua fon miniftère évangélique, pour fe faire élire Procureur-Général, Magiftrature éminente qui l'inftituait Défenfeur Spécial des loix de Genève, & qui, lorfque celles-ci étaient violées, ou menacées de l'être, l'autorifait à forcer la porte du Confeil Exécutif pour lui faire des *Remontrances*.

Dans une occafion affez femblable, & non moins périlleufe, l'un de fes prédéceffeurs, le Procureur-Général *Du Roveray*, lui en avait donné l'exemple, en dénonçant avec éclat, au Gouvernement, la confpiration que le Comte de Vergennes trâmait contre les loix de Genève, & qu'il commença à accomplir en exigeant impérieufement la deftitution de ce Magiftrat. *Anfpach*, qui n'a pas ofé l'imiter, ne ceffe cependant point encore de parler de fon *énergie romaine*, quoiqu'on en ait eu la jufte mefure depuis la révolution de 1792 ; car ce patriote, jufques-là fi intrépide, lorfqu'il réclamait les droits du peuple en préfence du peuple, n'a plus été qu'un magiftrat faible, toutes les fois qu'il s'eft agi de ramener ce peuple à fes devoirs, ou de l'arrêter dans fes écarts. Il eft même un de ceux qui ont le plus contribué à paralyfer les magiftrats révolutionnaires en leur oppofant fouvent la maxime favorite des Girondins : *Qu'il ferait trop dangereux de s'expofer à irriter un parti violent*. Maxime pufillanime qui caufa leur défaite, & qui produifit à Genève ainfi qu'en France le triomphe fanglant du Jacobinifme.

Telles font cependant encore les racines du fanatifme démocratique de ce Genevois, que, tout en dé-
plorant la feconde infurrection comme une œuvre
de barbarie, il n'en perfifte pas moins à défendre
celle de 1792, comme le chef-d'œuvre de la raifon
& de la philofophie ; & qu'il fe dit toujours le meilleur ami de la liberté ; comme s'il avait pu inventer
quelque nouvelle efpèce de liberté, qui ne con-
fiftât pas toute entière dans l'autorité des loix ; ou
comme s'il pouvait nier d'avoir aidé à renverfer les
anciennes, & d'avoir laiffé violer les nouvelles !

Je fuis loin de le foupçonner d'avoir trempé dans
les attentats du 19 Juillet ; mais quoiqu'il fût inftruit
plufieurs jours à l'avance, qu'on organifait une infurrection, il fe contenta d'aller pérorer contre elle
dans le grand Club, où fa voix fut aifément étouffée ;
& lorfque cette infurrection eût éclaté, il fe borna
à répandre des larmes ftériles, tandis qu'on verfait
le fang autour de lui. Il eft vrai qu'à peine furent
confommés les crimes dont il venait de refter fpecta-
teur confterné, qu'il s'eft mis à publier des Jéré-
miades, où il attefte les angoiffes auxquelles il s'eft
trouvé en proie pendant la violation des loix, pour
le maintien defquelles il devait mourir à fon pofte,
puifqu'il s'était fait confier celui de leur défenfeur.

Peut-être ne fera-t-il pas inutile d'ajouter ici,
qu'avant cette époque, cet eccléfiaftique était Ré-
gent de Collége, place qu'il honorait, où il était
honoré, & dont il rempliffait tous les devoirs d'une
manière diftinguée. Tout-à-coup, brûlant de fortir
de fa fphère, il fe crut en état de donner à fa

patrie une nouvelle législation, & pressa plus que personne l'idée de cette Convention Genevoise, où il ne doutait point d'occuper la première place. Elle lui fut cependant bientôt enlevée par un autre ecclésiastique nommé *Gasc*, bien supérieur à lui en capacité, & qui se servit d'*Anspach* comme d'un instrument aveugle pour les entreprises ultérieures que celui-ci ne soupçonnait point, & que l'autre méditait déjà. Pendant qu'elles se préparaient, *Gasc* amusa son collègue en lui laissant rédiger, sous le nom de loix, une foule d'absurdités métaphysiques, & entre autres, une *Déclaration des Droits*, où *Anspach* en ajouta une autre *des Devoirs*, à l'aide de laquelle il se flatta d'avoir surpassé ses maîtres les Français, & crut bonnement avoir épuré, par quelques phrases de morale, tout le poison de la doctrine insurrectionnelle que renfermait la première.

Dès que leur législation eût été achevée & adoptée, *Gasc* se fit élire Syndic ; & il faut convenir que si, comme il l'avait annoncé, il eut eu la ferme volonté de faire le bien, ou seulement d'arrêter le mal, il était propre, par ses talens, à conduire la République, même dans un temps orageux. Pour avoir sa part aux honneurs, son co-opérateur *Anspach*, sans aucune lumière administrative, postula, de son côté, l'une des magistratures qui en exigeaient le plus. Il est vrai qu'à leur entrée dans cette nouvelle carrière, *Gasc* ne réussit plus à associer *Anspach* à ses projets subversifs ; mais on a vu que ce dernier ne sut rien faire pour les prévenir, bien moins encore pour les combattre. Quoiqu'absolument dépourvu de toute connaissance des hommes, & des affaires, il s'était laissé porter à la tête d'une faction populaire, & maintenant il se croit en droit de lui reprocher avec amertume, des écarts & crimes qui ne devraient point le laisser lui-même tranquille avec sa conscience. Déplorable exemple de l'effet des révolutions qui, en bouleversant les Etats les plus heureux, flétrissent les individus les plus estimables! Elles les arrachent aux seules fonctions auxquelles ils puissent être propres, & les élèvent bientôt à des postes où leur incapacité les expose inévitablement à voir changer en mépris, & même en haine, l'estime dont ils jouissaient dans leurs vocations subalternes.

Le troisième parti est celui que les Jacobins Genevois tentent toujours de flétrir par l'imputation d'*Aristocratie*; comme s'il pouvait exister dans l'univers une aristocratie plus dévorante que celle qu'ils ont réussi à exercer eux-mêmes depuis trois ans! Quoique les chefs naturels de ce parti, c'est-à-dire les magistrats destitués en 1792, se trouvent, pour la plupart, dispersés; il se grossit à vue d'œil de la foule des révolutionnaires convertis, qui gémissent sur le passé, mais qui ne savent quelle route prendre pour reconquérir leurs loix fondamentales, & pour en rappeler les dignes Ministres. Ce parti, jusqu'ici le moins prononcé, réunit déjà le plus grand nombre; & il soupire après le rétablissement de l'ancien régime, sans oser néanmoins exprimer trop fortement ce vœu, tout ardent qu'il est, ou sans se flatter de le voir réaliser, avant que le dénouement de la Révolution Française permette à Genève de s'assurer s'il lui sera permis de

rétrograder

rétrograder avec quelque confiance vers son *ancien régime.* Q\uelqu'obfcur que foit l'avenir, quelque trifte que foit le préfent, le parti des loix ne peut point fe permettre de compofer avec elles. Leurs anciens miniftres leur doivent, ils fe doivent à eux-mêmes de ne prêter l'oreille à aucune autre propofition qu'à celle de replacer la République précifément au point où elle en était lorfque le parti Girondin la condamna au facrifice de fes loix antiques.

Tels font les trois partis qui la divifent (1) ; mais

---

(1) Il fe forme, dit-on, un quatrième parti, qui prétend fe placer également entre les anarchiftes de 1794, les partifans de la révolution de 1792, & ceux de la Conftitution qu'elle renverfa. Cette efpèce de Coalition n'a préfenté jufqu'ici qu'un mélange d'efforts impuiffans & confus ; elle eft compofée des hommes les moins marquans des deux derniers partis ; hommes faibles & timides, qui acheteraient volontiers une paix momentanée par les facrifices les plus durables, & qui ne favent jamais diftinguer les époques où la modération ceffe d'être une vertu, & devient même un crime. Trois d'entre eux viennent d'accepter hardiment la ommiffion d'effayer quelque efpèce d'amalgame entre le nouveau Code de la Convention Genevoife, & les anciennes loix qu'elle avait mifes au rebut avec tant de dédain.

Ces trois Commiffaires fe figureraient-ils qu'il leur fût permis de corriger une ufurpation violente par un arbitrage amical ? Auraient-ils oublié que toute loi, tout changement, introduit par la violation des formes conftitutives doit être effacé jufqu'à fa dernière trace, lorfqu'on veut revenir à l'ordre ? Aucun principe n'eft plus néceffaire quec celui-là, dans un Etat libre, & fur-tout dans un petit Etat dépendant de fes voifins par fa faibleffe. Comment les Genevois avaient-ils préfervé fi heureufement jufqu'ici leurs loix, des innovations du peuple, des ufurpations de l'ariftocratie, & des attentats de la Cour de France ? Ce fut fur-tout en ne fe

T

leur réunion prochaine ou tardive autour de l'*ancien régime*, eft d'autant plus affurée, que ce mot, tout profcrit qu'il eft autour d'eux, ne peut leur rappeler

---

permettant jamais de donner le caraĉtère de loix à aucune efpèce d'aĉtes arrachés par des violences, foit du dedans, foit du dehors. C'eft ce principe qui, après la mort du Comte de Vergennes, rallia tous les citoyens pour renverfer la Conftitution qu'il leur avait impofée en 1782. Leur attachement inébranlable à ce principe confervateur peut feul les fauver encore. Si l'on entreprend de changer, non-feulement ce qui exifte, mais ce qui exiftait, à quoi s'arrêtera-t-on ? Où trouvera-t-on le concert des opinions ? & quelle confiance pourrait-on placer dans la durée de toute capi-tulation coupable qui en réfulterait ? Ce dont il doit être aujour-d'hui queftion, ce n'eft point d'ariftocratifer, ou de démocratifer la Conftitution renverfée en 1792, mais uniquement de la réta-blir. C'eft vers ce point fixe & unique qu'il faut que les Gene-vois rétrogradent. Si leur Conftitution n'eft pas parfaite, elle contient du moins en elle-même tous les moyens de perfeĉtionne-mens. Quand toutes fes formes conftitutives lui auront été rendues, c'eft alors & alors feulement que, fi les circonf-tances le requièrent, ils pourront toucher, mais avec lenteur & réflexions, à un corps de loix, qui préfentent un enfemble com-plet, & une organifation éprouvée, dont ils connaiffent fi bien tous les réfultats.

Le Genevois ami des anciennes loix n'a donc, pour le préfent & pour le futur, qu'un feul moyen de falut ; c'eft de fe foumettre, temporairement, aux nouvelles loix, & d'en aider même les miniftres provifoires, en tout ce qui concerne la police & le maintien de l'ordre focial ; mais pour tout ce qui con-cerne l'ordre politique, cet ami des loix renverfées doit refter abfolument paffif ; il doit fe condamner à la plus profonde inaĉtion, en attendant que fe dénoue la grande révolution à laquelle celle de Genève eft fubordonnée. Qu'il fe rappelle que les Girondins n'ont permis à fa patrie de refter *détachée de leur fyftême politique* que fous la condition expreffe qu'elle OBEIRAIT A LEUR IM-PULSION MORALE. Il ne refte donc, pour le moment, à Ge-

que les idées les plus douces d'une liberté fage, qui avait élevé leur petite patrie au plus haut degré de profpérité poffible, quoique fes divifions inteftines en euffent arrêté quelquefois le cours. Le retour périodique de ces divifions (1) a fait croire à quel-

---

nève, qu'à fubir fon fort, quelque défaftreux qu'il foit. Tôt ou tard le moment viendra pour elle d'en rappeler à l'Europe en lui expofant combien elle s'eft débattue avant de s'y foumettre, & combien il lui devint impoffible d'y réfifter, lorfqu'après la conquête de la Savoie, elle fe trouva entièrement enclavée dans le territoire Français. Mais fi, avant cette époque, les anciens membres du véritable Corps Légiflatif de Genève concourent à un feul acte par lequel on puiffe leur imputer d'avoir librement & volontairement renoncé à une Conftitution que, jufques-là, il n'avait pas été en leur puiffance de défendre ; ils produiront de nouvelles incertitudes dans l'efprit de leurs compatriotes ; ils ffai bliront le parti qui réclame les anciennes loix ; & ils perdront une grande partie de l'intérêt précieux qu'ils ont infpiré aux Etats qui les envifagent à jufte titre comme les victimes de leur attachement aux formes antiques de la République. Le grand jour de juftice qui s'approche ne ferait plus pour Genève un jour de délivrance ; elle fe trouverait fans point de réunion au dedans, & fans protecteurs au dehors.

(1) Sans entrer ici dans les détails d'une imperfection particulière aux loix de Genève, & qui avait laiffé fubfifter le principe d'un conflit durable entre les divers Confeils de l'Etat, fans prétendre non plus juftifier ici ni la naiffance ni le trop fréquent retour de ces conflits, dont on s'était flatté d'avoir enfin détruit le principe en 1791 ; il m'eft permis de dire du moins que, jufqu'alors, les divifions des Genevois elles-mêmes avaient toujours porté le fceau de leur attachement à leurs loix fondamentales, puifque, loin d'avoir pour objet le renverfement de ces loix ; elles ne roulèrent au contraire que fur le fens qu'on devait donner à la lettre de ces mêmes loix, pour les conferver intactes : mais ce que je me fens

T 2

ques étrangers que ce Régime était une *pure démocratie*, c'eſt-à-dire le plus impur de tous les
Gouvernemens, & qu'en conſéquence, les citoyens
qui l'avaient défendu, devaient être les partiſans de
cet abſurde ſyſtême. Rectifier cette erreur ſera en
même temps le meilleur moyen de faire tomber l'accu-
ſation oppoſée d'*ariſtocatie héréditaire*, ſur laquelle
les Français motivèrent, en 1792, l'anathème qu'ils
lancèrent contre la Conſtitution de Genève.

Cette Conſtitution était *démocratique* dans le ſens
ordinaire de ce mot ; & je ne balance point à affir-

ſur-tout preſſé d'ajouter, c'eſt que ces débats, dont les voiſins de
Genève lui ont ſi ſouvent reproché l'éclat, n'en auraient point eu,
peut-être, ſi ces mêmes voiſins, & en particulier la Cour de
France, ne s'était pas obſtinée à y prendre part ; & ſi par un
aveuglement dont on ne peut rendre compte, elle n'avait pas fait
un point de ſa politique de perpétuer les partis dans Genève, en
donnant ſans ceſſe à l'un d'eux de funeſtes eſpérances de protection,
comme à l'autre de trop juſtes craintes d'oppreſſion. Avant
l'intervention des étrangers, nos diſcuſſions n'étaient pour ainſi
dire que des diſcuſſions de famille. Ce furent les intrigues perpé-
tuelles du Cabinet de Verſailles qui les aigrirent, les prolongèrent,
les firent dégénérer en agitations violentes, & qui forcèrent les
Genevois à en appeler, par leurs écrits, au tribunal de l'opinion
publique. Au ſurplus, & ceci dit tout en faveur de la Conſtitution de Genève, elle avait eu la force de réſiſter à tant de chocs.
Si la liberté publique & individuelle plièrent de temps en temps,
elles ne tardèrent guères à ſe relever avec de plus fortes racines ;
& pour abattre ce monument de pluſieurs ſiècles, pour forcer les
Genevois à l'abandon de leur Conſtitution fondamentale, il a
fallu que la Convention Françaiſe les plaçat dans la cruelle alternative de renoncer, ou momentanément à leurs loix, ou à leur
indépendance pour toujours.

mer qu'elle devait continuer à l'être, foit pour fe con-
former aux mœurs & aux habitudes du peuple pour
qui elle avait été faite, & qui s'y était peu à peu
amalgamé ; foit pour exciter l'émulation de tous les
genres de talens, dans une ville qui n'offrait à fes
habitans que des reffources artificielles & précaires ;
foit enfin pour prévenir une trop grande inégalité,
qui aurait été fur-tout un mal dans un Etat circonf-
crit à l'enceinte d'une ville, où tous les individus
fe connaiffaient, & où tous les amours-propres fe
trouvaient journellement en contaĉt. Mais cette démocratie ne tombait point dans cet excès de faire paffer,
par les mains de la multitude, la préparation des
loix, l'exercice du pouvoir adminiftratif, ou les
fonĉtions judiciaires. Le Confeil National, en qui ré-
fidait la fouveraineté, ne pouvait agir que par des
formes déterminées ; & il s'était impofé à lui-même
les limites les plus falutaires. Les Girondins, en lui
ordonnant de les brifer, les appelèrent des *chaînes
déshonorantes* ; ils flétrirent notre Affemblée du Peuple
du nom de *Claffe privilégiée d'Ariftocratie héréditaire.*
Enfin, ils la condamnèrent à renoncer à fes loix, **en**
les appelant avec mépris, *des loix populaires en apparence,* quoique *faites en réalité par les Grand & Petit
Confeils.* (1)

L'examen de ces accufations des Girondins ne
fera peut-être point inutile pour celui du nouveau

---

(1) Ce font les propres expreffions de l'anathème que le Comité Diplomatique de la Convention Françaife lança contre la
Conftitution de Genève, le 2 Novembre 1792.

régime politique, qu'eux-mêmes ils proposent aujourd'hui à leurs compatriotes.

Sans doute que l'autorité du Conseil souverain
était balancée à Genève par celle des deux autres
Conseils ; & peut-être l'immortel *Montesquieu* n'a-
vait-il pas moins porté ses regards sur notre petite
fourmillière, que sur la Grande-Bretagne, lorsqu'il
écrivit ces mots profonds, qui contiennent tous les
secrets de la liberté politique : LE POUVOIR ARRÊTE
LE POUVOIR. Certes, il fallait toute la présomp-
tueuse ignorance des législateurs Français qui se
sont vantés d'avoir laissé si loin d'eux ce grand
homme, pour ne s'être pas même douté que les
nombreuses limites que les Genevois avaient imposé
à leur démocratie, étaient la meilleure sauve-garde
de sa durée & de leur liberté.

Ces limites étaient de trois espèces :

1°, L'Assemblée du Peuple, à qui le Pouvoir
Législatif avait été réservé, n'admettait point dans
son sein la partie de la population qui est essentiellement impropre à l'exercer. Ce Corps n'était composé
que d'environ les deux tiers des Genevois âgés de
25 ans ; encore ceux qui y avaient droit en étaient-
ils exclus dès qu'ils devenaient insolvables, ou qu'ils
étaient assistés par les bourses publiques. J'ai ex-
posé, pages 3 & 19, comment on en avait graduellement facilité l'accès à la classe des *Natifs* ; & peut-
être les lecteurs éclairés, bien loin d'accuser le Corps
des citoyens d'avoir été trop resserré, seront-ils
plutôt tentés de lui reprocher de ne s'être pas suffisamment assuré de l'indépendance pécuniaire de ses

membres. Quoi qu'il en soit, cette Affemblée, qui poffédait au moins les dix-neuf vingtièmes de toutes les fortunes de l'Etat, s'était toujours montrée incorruptible, indépendante, & pure; & fi elle n'admettait point dans fon fein le corps entier de la peuplade, elle repréfentait fidèlement en toute occafion, le vœu des dernières claffes du peuple qui s'en trouvaient exclues. On fe rappelle que la Convention Françaife y fit introduire celles-ci en proclamant dans Genève, *Qu'il n'y avait de république que là où il y avait égalité de droits*, & que ce ne ferait *qu'en déchirant les odieufes pancates de Citoyens & de Natifs, que les Genevois deviendraient enfin des républicains.* (1) Il fallut également, pour plaire de plus en plus aux Français, fixer à l'âge de vingt-un ans celui de la majorité des Genevois, qui jufques-là n'avait commencé qu'à vingt-cinq. Dès-lors l'Affemblée du Peuple, dans laquelle on trouvait autrefois beaucoup de dignité, & un efprit de corps qui lui impofait de rendre fes Décrets refpectables à ceux qui n'y concouraient pas, n'a plus eu ni dignité, ni retenue, ni efprit public; & elle s'eft bientôt attribué, à titre de loix, la fanction d'une foule de règlemens purement adminiftratifs. Ceux qui en étaient l'honneur, ou en ont été expulfés, ou s'abftiennent de s'y rendre, afin de protefter ainfi autant qu'il eft en eux, contre tant d'ufurpations. Enfin, ce qui eft bien autrement remarquable encore, c'eft que plus de la moi-

_____

(1) Rapport du Comité Diplomatique fait par Briffot, à la Convention Françaife, le 2 Novembre 1792.

tié des nouveaux membres qui avaient tant ambi-
tionné cette affociation, dédaignent d'en profiter :
déjà ils négligent leur devoir le plus folemnel,
celui de fe rendre dans le Confeil National, &
femblent, en s'en éloignant, avouer eux-mêmes
qu'ils l'ont dégradé. Comme leur admiffion dans ce
Corps était toujours pour leurs familles une décora-
tion, & qu'elle devenait fouvent la récompenfe gra-
tuite de leurs talens, ils ont fait une autre perte qu'ils
ne prévoyaient guères ; car, en tariffant la fource des
récompenfes nationales, ils fe font en quelque forte
appauvris d'émulation & d'honneur ; & fi je puis me
fervir d'une expreffion du jour, en prenant d'affaut
le droit de cité, ils l'ont *démonétifé* à leurs propres
yeux. Tels ont été jufqu'ici, pour Genève, les
effets de l'univerfalité du droit de fuffrage.

2°, Toute populaire & démocratique que paraiffait
cette Affemblée, elle s'était fagement interdite l'initiative des loix ; car bien qu'elle fe fût fpécialement réfervé le Pouvoir Légiflatif, elle s'était aftreinte à ne
l'exercer jamais que par fa fanction, ou fon *veto*, opération qui fe faifait fans débats quelconques, & dans
laquelle les citoyens, au nombre de 1500 ou 2000,
donnaient dans le plus profond filence, leurs fuffrages
qui étaient reçus & relevés en peu d'heures. Il eft
vrai qu'en cas d'abus de la part du Corps Exécutif,
ou en cas d'interprétations qu'on lui conteftait, le Confeil National pouvait rappeler à lui les matières de
légiflation ; mais il ne le pouvait que par une marche
lente, mefurée, qui excluait les faillies de la paffion,
& qui circonfcrivait toujours le peuple dans les bornes

5   de

de la fanction & de fon *veto* ; on n'avait donc point
à craindre qu'en fuivant cette marche conftitutionnelle,
la légiflation fût livrée aux caprices du moment, ou
aux innovations qui ont renverfé toutes les démocraties.

Il faut obferver encore que l'Affemblée du Peuple
ne pouvait jamais être convoquée & préfidée que par
les Petit & Grand Confeils ; & que ceux-ci ne pouvaient lui propofer aucun projet de loi, fans l'avoir
feparément difcuté, & fans avoir concouru à fon
adoption. Ce qui arma le plus l'intolérance des Français contre ce fyftême focial, c'eft qu'il renfermait
l'inamovibilité du Confeil Exécutif, & qu'il exigeait
fon affentiment préalable aux loix dont on le confti-
tuait le miniftre ; combinaifons politiques qui, toutes
deux, faifaient la plus forte fatire de leurs propres
idées, & qui les excitèrent d'autant plus à déclarer la
guerre à notre Conftitution, qu'ils découvrirent bientôt qu'elle n'était pour ainfi dire autre chofe que la
Conftitution Anglaife en miniature.

Qu'on me permette à ce fujet un rapprochement qui, au premier apperçu, pourra paraître
difparate, mais qui eft cependant plus jufte qu'on
ne penfe : c'eft que, fous des formes diverfes, ou
en apparence renverfées, les élémens de ces deux
Conftitutions, & leur combinaifon, étaient précifément
les mêmes. L'unique différence effentielle eft que,
dans les trois Royaumes de la Grande-Bretagne, la
fanction des loix, & le *veto*, réfident dans un Chef
unique & héréditaire ; tandis que, dans la petite Communauté de Genève, ces deux attributions avaient

U

été réfervées au Corps des citoyens. Refte à prononcer s'il n'eût pas été tout auffi abfurde de propofer
un Roitelet à cette bourgade, qu'il pourrait l'être de
foumettre à des *Affemblées Primaires* la fanction des
loix Britanniques. Ainfi, quoique la Conftitution
de Genève fût Démocratique, dans le même fens que
celle de l'Angleterre eft Monarchique; toutes deux
établiffaient la liberté politique fur les mêmes bafes;
parce qu'en dernière analyfe, chacune d'elles fe diri-
geait le Gouvernement fuivant le vœu de la partie
éclairée de la nation; parce que toutes deux étaient
tempérées, & parce que chacune d'elles avait précifément adopté les mêmes tempéramens. Leur
reffemblance dans les détails était même plus parfaite qu'on ne le croirait, d'après les principes géné-
raux d'analogie que je viens d'expofer. Genève avait
un Souverain qui était la fource de tous les honneurs,
qui nommait à tous les emplois, & qui n'avait cependant d'autre droit fur les loix que celui de les fanctionner. Des deux Chambres qui préparaient nos
Bills, l'une, la plus nombreufe, était élue pour fept
ans; l'autre l'était à vie. Si donc nos loix ne pouvaient être que le réfultat d'une lutte de trois pouvoirs, & d'un concert de trois volontés, chacune de
ces deux Conftitutions pouvait également prendre
pour fa devife, *Ponderibus librata fuis;* & Genève,
non moins que la Grande - Bretagne, préfentait,
quoiqu'infiniment petit,

Trois pouvoirs étonnés du nœud qui les raffemble.

La Convention Genevoife, qui travailla en quelque
manière fous la dictée de celle de France, crut,

comme elle, fimplifier tout, en renverfant l'un des contrepoids, & en fe débarraffant des régulateurs. Au lieu de deux Confeils Légiflatifs, dont le concert était néceffaire pour la rédaction de tout projet de loi, elle n'en a voulu qu'un feul ; encore a-t-elle réduit à une pure fiction la prétendue initiative de ce Corps, en décrétant que fes membres feraient renouvelés chaque année, c'eft-à-dire placés chaque année fous la main du peuple. Les dangereux effets de cette nouvelle organifation n'ont pas tardé à fe développer. Comme le nouveau Corps auquel on vient de confier exclufivement la préparation des loix, n'a plus été appelé à les pefer avant de les foumettre à l'Affemblée du Peuple ; à peine celle-ci les a-t-elle fanctionnées, que le Confeil Adminiftratif, privé de fon ancien doncours, déclare qu'elles font inexécutables, & le démontre au peuple, qui fe trouve perpétuellement forcé de les révoquer. Préfage affuré du fort inévitable qui attend celle des Français, fi, dans la fougue de leur efprit d'entreprife, ils tentent d'effayer la nouvelle Conftitution qu'on leur propofe, ou s'ils fe flattent de faire jamais exécuter avec quelque fidélité leurs Décrets Nationaux par des miniftres qui n'y auront point concouru, & auxquels on les dictera comme des ordres, fans leur avoir demandé s'ils leur paraiffent dangereux, utiles, ou même exécutables. Que la France effaie, fi elle le veut, d'une combinaifon auffi abfurde, l'expérience ne tardera pas à lui apprendre qu'un pareil Corps Exécutif fe trouvera inftitué, non point pour refpecter les loix, mais précifément pour les méprifer, les haïr, & les laiffer violer.

3°. La Constitution fondamentale de Génève, en confiant au peuple l'élection de tous les Officiers publics, l'avait fagement aftreint à ne choifir fes Magiftrats fupérieurs que dans les Corps inférieurs, qui étaient pour eux une carrière d'inftructions & d'épreuves, pendant le cours prolongé de laquelle on avait tout le temps & tous les moyens de juger ceux qui s'y vouaient. Voici la marche que prefcrivaient nos loix pour les Elections. Le Grand Confeil était la première pépinière où il s'agiffait d'abord de fe faire introduire; car c'était de ce Corps qu'étaient exclufivement tirés les Magiftrats de police, & tous ceux qui rempliffaient les départemens inférieurs de l'adminiftration, avant de poftuler l'élection de Confeillers d'Etat. Finalement, ce n'était que dans le Corps de ces derniers, c'eft-à-dire dans le Petit Confeil, que le peuple pouvait choifir annuellement fes quatre Syndics, Chefs fuprêmes de la République. On conçoit combien une pareille marche des élections modifiait la prérogative du peuple à nommer tous fes officiers; & combien elle le préfervait de tous jugemens précipités. On conçoit en même temps combien ce paffage à travers tant d'épreuves préparatoires & fucceffives devait tempérer l'efprit naturellement ariftocratique des Adminiftrateurs. On conçoit qu'ils avaient tout le temps de fe faire connaître, comme auffi tous les moyens d'étudier les affaires & les hommes. On conçoit enfin comment l'ardeur de la jeuneffe était forcée de céder le pas à l'expérience de l'âge; précaution indifpenfable pour les petits Etats, par cela feul que la confervation étant leur principal objet, ils ont infiniment plus befoin, pour l'atteindre, d'être dirigés par la grave circonfpection de l'âge avancé que par l'énergie de la jeuneffe.

La Convention Genevoife rejeta avec mépris toutes ces gradations qu'avaient établies nos loix antiques ; & répétant en chorus avec les Révolutionnaires Français que le patriotifme valait mieux que les lumières, elle décréta que les choix d'un peuple libre devaient être illimités, & que notre Confeil National pourrait porter immédiatement tout citoyen aux premières places. C'était-là vraiment décréter la Démagogie. On vient de voir les choix flétriffans qui en font ré- fultés ; & Genève peut déjà prononcer par l'expé- rience, que même dans les Démocraties l'autorité ne tire pas moins fa force du luftre perfonnel de ceux qui en font revêtus, que de la puiffance qu'on leur confère.

Ce qu'il y a de vraiment bifarre, c'eft que le même parti Girondin qui nous avait conduits à renoncer à toutes ces épreuves épuratoires, vient de les propofer gravement à la Nation Françaife comme une décou- verte admirable qui lui garantira déformais les lu- mières & la capacité de fes Repréfentans. En an- nonçant cette brillante invention, la *Commiffion des Onze* a eu la modeftie de l'attribuer à Rouffeau & à Mirabeau ; mais elle s'eft bien gardée d'ajouter que ceux-ci en faifaient honneur à Genève ; car on n'eût pas manqué de demander, comment cette même Ge- nève fut amenée, il y a deux ans, à renverfer cette loi, la plus tutélaire de toutes pour un petit Etat, quoique peut-être l'une des plus abfurdes qu'on puiffe propofer à un grand Empire. (1)

Telles étaient les principales limites de la Démocratie de Genève. C'eft à la faveur de ces fages limites, que ce petit Etat, fitué entre tant de voifins puiffans, avait maintenu fon indépendance fi fouvent en péril, qu'il avait confervé jufqu'ici fes loix fondamentales à travers tant d'orages intérieurs auxquels il échappait conftamment; enfin, qu'il s'était fignalé dans les fciences & dans les arts, & qu'il était devenu fous ce rapport l'Athènes de la Suiffe. Voilà l'ancien & fage régime politique après lequel foupire aujourd'hui

---

(1) Je m'attends bien que cette opinion fcandalifera ceux des Légiflateurs Français qui parlent d'une *Démocratie de 25 millions d'hommes*, comme d'une entreprife non moins aifée que *magnifique*; car, dans le cours vagabond de toutes leurs fpéculations politiques, ils femblent n'avoir pas même encore foupçonné que les loix d'un pays doivent être calculées fur fes localités, fur les habitudes, quelquefois même fur les préjugés de fes habitans, & toujours fur leur nombre. Les Girondins ne fe doutent guères qu'il eft telle inftitution propre à maintenir la liberté dans un petit Etat, & qui l'expoferait dans un grand. Je m'attends à leur voir propofer inceffamment un Code de Loix *fomptuaires*; & certes, cette feconde imitation des Loix de Genève ferait bien moins abfurde que la première; car fi les Français perfiftent à ne vouloir admettre chez eux aucune autre efpèce d'Ariftocratie que celle des riches, rien de plus indifpenfable que de protéger efficacement ces derniers, en leur interdifant févèrement toute efpèce de luxe qui ne manquerait point de bleffer le peuple, de lui paraître infultant, & de le conduire au déchaînement de toutes les paffions inhérentes à la Démocratie; favoir, la jaloufie, l'envie, l'amour de l'égalité extrême, & l'effroi de toutes diftinctions.

la généralité des Genevois. Malheureusement, la question n'est plus de savoir s'ils désirent sincèrement rétrograder vers la Constitution tempérée de leurs ancêtres, mais uniquement, & avant tout, de prononcer s'ils en sont encore dignes.

La nature du châtiment qu'ils infligeront à leurs oppresseurs contribuera sans doute plus que toute autre chose à faire juger à l'Europe si Genève mérite de voir ressusciter sa liberté. Et comme leur châtiment exemplaire doit être le prélude indispensable de toute espèce de régénération ; j'adjure ici ceux des Genevois qui y aspirent, de ne point la rendre impossible par des vengeances qui ne doivent appartenir qu'aux Tribunaux, & non aux individus. Si le peuple Genevais tente de se faire justice par lui-même, il perd l'unique occasion qui lui reste de rentrer avec quelqu' honneur dans la carrière de la liberté. Que les Français tous neufs à cette liberté, aient cru pouvoir la conquérir tout-à-coup, en la prenant d'assaut ; qu'ils croient de même fonder leur justice nationale en courant sur leurs nouveaux tyrans comme sur des bêtes de proie ; ce nouveau scandale de la Révolution Française doit lui appartenir exclusivement : il servira du moins à détromper ceux qui, en contemplant la longue impunité des Jacobins, avaient osé douter d'une Providence ; car, qui pourrait ne pas reconnaître son bras vengeur, en voyant anéantir aujourd'hui cette secte abominable par les mêmes moyens féroces dont elle avait donné le premier exemple au monde ? Ah ! si Genève, accoutumée à la liberté, veut en relever les autels,

ce n'eſt point par des holocauſtes aveugles, ni par des
vengeances individuelles, qu'elle pourra préſenter ſur
ces autels des ſacrifices vraiment expiatoires : c'eſt par
le glaive de la loi que doivent être frappés les Chefs
de la ſanglante ſubverſion du 19 Juillet. Il faut que
ces Chefs ſubiſſent un procès ſolemnel, pourſuivi ſuivant les anciens formes juridiques, par les membres
qui ſurvivent encore de l'ancienne Magiſtrature ; &
après que les citoyens auront réuſſi à obtenir d'eux
de ne point déſeſpérer de la République, & d'en reprendre les rênes.

Après avoir expoſé ici ce qu'était Génève avant la
Révolution Francaiſe ; ce qu'elle eſt devenue pendant
le cours de cette tempête, & le déſir de ſes habitans
de rentrer dans le port ; qu'on me permette de
porter un coup-d'œil en arrière ſur l'enſemble de ce
tableau. Ce réſumé ne ſera peut-être point ſans
inſtruction pour les Français qui avaient ordonné à
Génève de répéter ſur ſon petit théâtre leur ſanglante
tragédie. En effet, plus ce théâtre eſt reſſerré, mieux
on y peut ſaiſir à la fois l'enſemble & tous les détails
de la pièce : rien n'y échappe ; on peut en ſuivre tout
le développement, tous les acteurs, le jeu de toutes les
paſſions, & le fil de toutes les ſcènes. Génève eſt une
eſpèce de modèle qui offre en petit toutes les
proportions de la Révolution Françaiſe.

Chacun de ces deux Drames politiques peut s'inti-
tuler *l'Egalité abſolue dévoilée par ſes crimes.* Lorſque
la toile ſe lève, on n'apperçoit d'abord qu'un petit
nombre d'acteurs, en apparence modérés, & qui dans
leur langage philanthropique préſentent l'égalité des

5

droits comme une Religion qui affurerait le retour
d'Aftrée fur la terre. A les en croire, cette Religion
pure & bienfaifante diffipera tous les préjugés, brifera
les liens de toutes les fuperftitions, & rendra à
l'homme toute fa première dignité. Déjà ceux qui
la prêchent ne reconnaiffent plus entr'eux d'autre titre
que l'appellation modefte & innocente de *Citoyens*;
bientôt ils voient groffir la foule de leurs fectateurs,
& ils ne tardent guères à faire proclamer leur doctrine.
Au 2ᵈ Acte paraît une *Convention* chargée de rédiger
l'Evangile de cette nouvelle Religion. Cette Convention s'attache fur-tout à ébranler les anciennes
opinions ; elle attaque fans ménagement toutes les
idées reçues; elle invente un nouveau langage civique,
& commence même à annoncer ouvertement des vues
d'intolérance. Vers le 3ᵉ Acte un *Club Central* vient
difputer à cette Convention fon crédit, fes principes,
fes fonctions. Ici les Miniftres de la nouvelle Religion fe divifent en deux fectes. Au 4ᵉ Acte, ces deux
fectes fe trouvent dominées par la lie de leurs fectateurs. Le Club Central lui-même eft fufpendu, &
diffipé à fon tour par les plus audacieux de fes membres, qui s'érigent en *Tribunal Révolutionnaire,* & le
compofent exclufivement d'hommes actifs, perdus de
mœurs, chargés de dettes, qui ont tout à gagner, &
rien à perdre, dans un bouleverfement univerfel. Ce
n'eft plus l'appas de l'égalité politique, que ceux-ci
préfentent au peuple ; c'eft celui de l'égalifation des
propriétés : ils l'invitent à leur donner l'affaut ; ils
l'y conduifent, & le traînent de crimes en crimes.
Là commencent les turpitudes, & le déchaînement

X

des cruautés les plus gratuites. On vole, on pille, on
aſſaſſine, on juge. La hâche révolutionnaire abbat
tout ce qui ſe préſente devant elle. Les honnêtes
gens qui échappent ſont en fuite ; & la majorité ſtu-
péfaite & conſternée reſte ſpectatrice muette. Au
5ᵉ Acte, lorſque cette majorité hébétée tente de relever
la tête qu'elle avait lâchement courbée ; lorſqu'elle
entreprend de demander compte à ſes nouveaux
Chefs de tous les forfaits qu'elle vient de leur laiſſer
commettre ; ceux-ci, dont le premier ſoin avait été de
l'enlacer en l'aſſociant à ces mêmes forfaits, lui répon-
dent froidement que ces forfaits ſont ſon ouvrage.
L'Aſſemblée du *Peuple* a *tout approuvé, tout ſanctionné,*
s'écrie avec effronterie l'apologiſte de la Révolution
Genevoiſe (1), préciſément comme Barrère & le féroce
Collot d'Herbois avaient répondu à leurs dénoncia-
teurs dans la Convention : *Le peuple nous a tous ſe-*
condés. Rapprochement utile & mémorable de la
tactique uniforme des Révolutionnaires modernes !
Combien je me ſens preſſé de la développer aux
peuples auxquels ils oſent encore prêcher leur doctrine
de l'égalité abſolue, & à qui ils proteſtent que les crimes
de la Révolution Françaiſe ne ſont point dus à cette
doctrine elle-même, mais à la réſiſtance que lui oppoſa
l'Europe !

Qui pourra s'étonner maintenant qu'un Pair de la

* *Réfutation d'une Lettre écrite par Mr. David Chauvet à la Commiſſion Liquidatrice,* par Iſaac Bourdillon. Imprimée à Genève, le 20 Mai, 1795.

Grande-Bretagne (1) ait cru devoir fixer l'attention de la Chambre Haute fur un pareil rapprochement, en le lui expofant en ces termes ? " Si nos compatriotes " veulent avoir une jufte idée de la doctrine empoi- " fonnée qu'on tente de leur prêcher, & que nous " faurons repouffer ; qu'ils portent leurs regards au- " dehors, & qu'ils les arrêtent fur une petite Ré- " publique, que dans ma première jeuneffe je vis " tellement heureufe & libre, qu'elle ne m'avait " laiffé jufqu'ici que les fouvenirs les plus intéreffans. " Malheureufe Genève ! Elle ne préfente déjà plus " que le fpectacle le plus effrayant, mais le plus " inftructif, des crimes des Révolutionnaires Fran- " çais, des inévitables conféquences de leur doctrine " par-tout où elle parviendra, & des moyens aux- " quels ils ont recours pour propager cette gangrêne " politique."

En effet, ce fpectacle n'eft pas feulement celui de la petite Révolution de Genève, & de la grande Révo-lution Françaife ; ce fera celui de la Révolution de Hollande, qui n'en eft encore qu'à la feconde des cinq époques que j'ai indiquées, mais qui ne tardera pas à parcourir les trois autres. En un mot, l'affreux tableau que je viens de tracer, préfente d'avance, & trait pour trait, celui de toutes les Révolutions fu-tures qui auront pour objet la conquête de l'égalité abfolue.

Que les Chefs des Français aient forcé Genève à

_____

(1) Lord Sydney, 3 Février, 1795.

la proclamer dans leur premier délire révolutionnaire, lorsqu'eux-mêmes ils la prêchaient avec ferveur à leurs compatriotes comme la doctrine de l'âge d'or ; c'est une violence dont ils prétendront se disculper en alléguant qu'eux-mêmes ils se soumettaient alors à en faire l'expérience, & qu'ils l'ont payée bien plus cher encore que Genève ; mais ce qui met le sceau à leur affreux machiavélisme envers elle, c'est l'hypocrisie des regards de compassion qu'ils ont affecté de jeter sur ses habitans opprimés, regards qui ont tant contribué à l'inaction de ceux-ci, parce qu'ils les envisageaient comme le prélude assuré de quelques témoignages plus efficaces.

En effet, les Genevois abandonnés des Suisses, s'étaient flattés, après la chûte de Roberspierre, & le renvoi de *Soulavie*, que le nouveau Résident Français, en remettant ses lettres de créance au Gouvernement, lui adresserait l'exhortation sérieuse de faire rétrograder Genève vers le système de modération que proclamait à Paris la Convention. Enfin, ils s'étaient flattés que l'influence Française, qui avait fait tant de maux à leur patrie, pourrait au moins une fois se déployer pour les réparer ou les adoucir. Le Résident *Adet* s'est borné à blâmer les intrigues de son prédécesseur *Soulavie* ; puis il a déclaré, officiellement, que comme la République Française ne souffrira jamais qu'on s'immisce dans ses affaires domestiques, elle s'abstiendra de même, avec le plus grand scrupule, d'intervenir dans celles d'un Etat allié & indépendant, & qu'elle le livre exclusivement aux soins de ses propres enfans....

Quel abominable mélange de cruauté, d'hypocrisie & d'ironie de la part de ce même Etat qui, pour révolutionner Genève, avait violé si ouvertement envers elle toutes les loix des nations !... Quoi ! après avoir exercé l'influence la moins cachée, comme la plus irrésistible, afin de la plonger dans des déchiremens dont l'histoire n'offrait aucun exemple, il attend les dernières convulsions de son agonie pour lui déclarer froidement qu'il ne lui est plus permis que d'en être simple spectateur, & qu'il croirait commettre un attentat au droit des gens, s'il y intervenait autrement que par des vœux qu'il se garde même bien de développer !....

Cette première déclaration du successeur de *Soulavie* n'avait cependant point ôté toute espérance aux victimes de ses intrigues. Le successeur paraissait modéré, humain & juste : la manière dont il se prononçait sur les crimes de sa patrie, faisait croire qu'il s'occupait à réparer ceux qu'elle avait causés à Genève ; & l'on ne doutait point qu'il ne sollicitât des pleins pouvoirs pour adresser à celle-ci quelqu'exhortation, dont l'effet eût été indubitable. Tout-à-coup, au moment où il paraissait le plus profondément pénétré du spectacle, dont il avait encore les déplorables suites sous les yeux, & où cette impression, qu'il ne cachait plus, faisait luire un nouveau rayon d'espérance aux yeux des opprimés ; la Convention, dans laquelle le parti Girondin venait de dominer de nouveau, l'a rappelé pour l'Ambassade d'Amérique.

Son successeur, le citoyen *Desportes*, a paru cependant fuivre fes erremens ; comme lui, il a prodigué les expreffions de commifération & même de regret. Sa conduite conciliante faifait déjà renaître de nouvelles efpérances, d'autant plus légitimes, qu'il eft incontestable qu'un feul mot officiel de la France pouvait faire trembler les Syndics qui ont trâmé cette révolution, les forcer à lui donner promptement un cours rétrograde, à accélérer le triomphe des anciennes loix, ou, tout au moins, à rétablir la fûreté des perfonnes & des propriétés. On a enfin appris, dans le mois de Mars, que ce Réfident Français avait reçu des ordres, & qu'il fe préparait à remettre aux Syndics ufurpateurs, une Note Diplomatique relative à la fituation de Genève : on ne doutait pas qu'il ne leur reprochât les crimes dont ils avaient été, finon les inftigateurs, du moins les complices. Affreux décompte !..... Il venait louer leur Gouvernement *d'avoir confacré*, avec celui de France, *la journée du 9 Thermidor*, (29 Juillet 1794).......Ah ! fans doute, ce Gouvernement avait *confacré* cette fameufe journée........ Mais comment l'avait-il fait ? Par l'affaffinat judiciaire des Magiftrats les plus diftingués, par les jugemens révolutionnaires dont il avait laiffé frapper plus de huit cents Genevois, & par les fpoliations auxquelles il livra plus de onze cents propriétaires. J'ai préfenté l'épouvantable lifte de ces forfaits. A l'exception des fept premières victimes, toutes les autres ont été immolées poftérieurement au 29 Juillet. Voilà cependant l'époque que la Convention Françaife fixe irrévocablement aujourd'hui comme celle depuis laquelle elle ne doit plus

que des applaudiſſemens aux Adminiſtrateurs Genevois !

Pour bien apprécier l'unique ſens de cette Note
Officielle qui a ſcandaliſé toute la Suiſſe, il faut ſavoir
que, dans le nouveau langage des Girondins, depuis
qu'ils ſont redevenus l'organe des Comités de Salut
Public, la phraſe qu'on vient de lire ſignifie expreſſément que, bien loin d'enviſager la dernière révolution
de Genève comme déſavouée par leurs principes, c'eſt-
à-dire comme *l'ouvrage de la terreur*, ils ſont remplis
de conſidération pour ſes auteurs ; que la Convention
Françaiſe applaudit authentiquement à leur conduite ;
qu'elle reconnaît que les Syndics de Genève n'ont
fait que ce que les circonſtances impérieuſes leur
preſcrivaient, & qu'elle leur tend une main fraternelle... Qui pourrait s'en étonner ? Qui plus que
les Girondins eſt intéreſſé à jeter un voile ſur les dé-
ſaſtres de la révolution à laquelle ils avaient condamné Genève ? Certes, il leur eſt bien plus permis qu'à Bouſquet de ne les enviſager que comme des
accidens fâcheux, eux qu'on peut accuſer d'avoir
creuſé, le 10 Août, le vaſte tombeau où Robeſpierre
a englouti tant de victimes.

Un nouveau trait l'emporte encore, s'il eſt poſſible,
ſur l'indignité de cette communication officielle de
la Convention. Celle-ci a fondé à grands frais, dans
le Département frontière de Genève, une vaſte manufacture d'horlogerie (1), d'où l'on adreſſe journelle-

(1) La Convention Françaiſe n'a pas dédaigné de faire de cette
invitation l'objet d'un Décret ſolemnel ; & voici l'extrait du dif-

ment les offres les plus féduifantes à ceux des hor-
logers Genevois qui feraient tentés de quitter leur
patrie défolée.... Le Comité d'inftruction de Paris
a fait offrir de même, aux Profeffeurs les plus diftingués de Genève, de les placer à la tête de l'Ecole
Centrale de France, s'ils voulaient fe réfoudre à abandonner un féjour qu'il envifage fans doute comme devenu inhabitable. C'eft ainfi que la République
Françaife, tout en paraiffant défavouer avec éclat
les crimes de *Soulavie*, travaille activement aujourd'hui à en perpétuer les fuites, & à en recueillir les fruits. Auffi, n'a-t-on point entendu
dire jufqu'ici, que ce fcélérat ait encore reçu le
châtiment

---

cours, par lequel Boiffy d'Anglas l'a follicité & obtenu le 25
Juin 1795.

" C'eft à l'Horlogerie que Genève doit deux cents millions
" de capitaux placés, par fes habitans, chez des nations alliées.—
" C'eft un commerce dont la France partagera bientôt les béné-
" fices.

" C'eft aux citoyens Megevand & Trot (deux Genevois) que
" vous devez l'implantation de la manufacture de Befançon.
" Depuis deux ans, il n'eft forte de mouvemens & de fatigues
" qu'ils ne fe foient donnés, pour y appeler & pour y fixer leurs
" compatriotes. Ils en avaient promis cinq cents; on en compte
" aujourd'hui près de deux mille."

A la fuite de ce difcours, Boiffy d'Anglas propofe de rembourfer
aux citoyens Megevand & Trot, les avances qu'ils ont faites aux
artiftes & aux ouvriers étrangers; ainfi que de faire verfer à cet
effet, par la Tréforerie Nationale, la fomme de douze cents mille
livres tournois. La Convention décréta le même jour des avances
en matières d'or & d'argent, en faveur de deux atteliers du même
genre, que les citoyens *Auxière & Lemaire* (deux autres Genevois)

5

châtiment éclatant qui, difait-on, lui était deftiné.

Enfin, pour combler la mefure, & pour ajouter à l'horrible abandon auquel Génève eft livrée, tout ce que le farcafine peut avoir de plus amer dans la bouche des corrupteurs; les Français, non contens de l'avoir plongé dans cette révolution, viennent de la jouer fur un des théâtres de leur capitale. Dans l'efpoir d'effacer leurs propres crimes par le tableau de ceux de leurs imitateurs, ils n'ont pas oublié de placer, fur la fcène dramatique, le Tribunal Révolutionnaire Genevois, dans le vrai coftume de ceux qui le compofaient, envoyant à la mort leurs victimes, de ce ton de dédain, de laffitude & d'ennui, qui peint des ames familiarifées avec les dernières horreurs de l'affaffinat.

---

vois) fe font engagés à établir, tant à Befançon qu'à Verfailles.

Telle eft la *main fraternelle* que la République Françaife avait promis de tendre aux Genevois, s'ils confentaient à fe révolutionner! certes, ce Décret, le dernier de ceux que la Convention ait rendus par rapport à Génève, couronne tous les autres ; & l'on trouve, dans le difcours du Rapporteur, un trait qui explique fans déguifement l'immenfe intérêt que croit avoir la France à prolonger les déchiremens de Génève. Le voici : *Que les Genevois, que les Suiffes, qui compofent actuellement la manufacture de Befançon, cèdent au defir de retourner dans leur patrie ; que des circonftances* IMPRÉVUES *les déterminent à déferter leurs atteliers,* LA FABRIQUE EST ANÉANTIE. *Cet événement eft* PEU PROBABLE ; *mais la prédilection que l'homme reffent toujours pour le pays qui l'a vu naître, le rend* TRÈS-POSSIBLE.

On voit par-là que la Convention envifage la réfurrection de Génève comme un événement *imprévu & peu probable* ; mais que, comme il eft cependant *très-poffible*, il lui importe de prendre dés mefures pour le prévenir ! ! !

Y

Peuples voifins de la France, & qu'elle cherche à
entraîner dans fa carrière, voilà, n'en doutez pas, le
genre d'admiration & de *fraternifation* qu'elle réferve
à fes imitateurs. Tels font les derniers traits de fa
conduite envers Genève! Que le déplorable fort
de cet Etat, fi petit, mais jadis fi intéreffant, vous
éclaire. Puiffe du moins ce terrible avertiffement
vous parvenir à temps, & n'être point perdu pour
l'humanité !

Feliciter fapit qui alieno periculo fapit.

F I N.

ADRESSE

AUX

GENEVOIS RÉVOLUTIONNAIRES.*

Plus les crimes dont je viens de vous préſenter la chaîne, flétriſſent le nom Genevois ; plus, pour tout homme qui a aujourd'hui le malheur de porter ce nom, c'était un devoir ſacré de s'élever contre eux, & d'en tracer le tableau. Tout déchirant qu'eſt ce devoir, il m'était d'ailleurs d'autant plus impérieuſement impoſé, que je tentai autrefois d'être

---

* Cette Adreſſe, écrite il y a plus de ſix mois, avait été envoyée en Suiſſe pour y être imprimée. On n'a point oſé ſe rendre à ce déſir par des conſidérations de prudence, auxquelles l'Auteur ne ſaurait plus adhérer. L'unique moyen de préparer la régénération des Genevois, eſt de leur dire la vérité ſans aucun déguiſement, & de leur tracer l'unique route qui leur reſte pour rentrer dans la carrière de la liberté. Le moment eſt donc venu d'appeler le glaive des loix ſur ceux qui les ont ſi ſcandaleuſement outragées & renverſées. Les trois principaux coupables que je dénonce ici, ſont *Bouſquet*, Préſident du Tribunal Révolutionnaire ; *Gaſc*, Préſident des Syndics conſpirateurs ; & *Bourdillon*, Préſident de la Commiſſion Liquidatrice. Il était inutile ſans doute de les déſigner à Genève autrement que par leurs crimes ; mais il ne l'eſt peut-être pas de les ſignaler par leurs noms aux lecteurs étrangers, & dans les pays où ils pourraient chercher un aſyle & de nouvelles victimes.

Y

l'hiſtorien des vertus de vos pères, & que, dans la
confiance de ma jeuneſſe, je me haſardai à vous en
repréſenter comme les dignes héritiers.

Tout alors juſtifiait ma confiance & mon erreur,
juſqu'à l'hiſtoire même de vos propres diſſentions,
que je publiai, *afin qu'elle vous apprît à les haïr &
à en prévenir le retour.** En effet, bien qu'elle pré-
ſentât de triſtes illuſions, de grandes fautes, & même
des excès condamnables, par quels nobles efforts
n'avaient-ils pas été conſtamment effacés? Trop
ſouvent ſans doute, l'eſprit de parti avait mis nos
citoyens les plus vertueux aux priſes; mais toujours
une eſtime profonde, méritée & mutuelle, reſtait en
dépôt dans le fond de leurs cœurs. Dès qu'ils ſe
rapprochaient, ils pouvaient ſe tendre des mains
fraternelles & pures; bientôt ils ne rivaliſaient plus
qu'en patriotiſme; & Genève, au milieu même de
ſes diſſentions, n'avait préſenté qu'un miracle conti-
nuel de proſpérité. C'eſt que ces diſſentions s'étaient
bornées à de violens débats ſur l'interprétation des
loix qui y avaient fondé l'ordre politique & ſocial;
c'eſt que jamais, juſqu'à ce jour, cet ordre ſocial
n'avait été ni renverſé, ni interverti; c'eſt que les
réconciliations étaient d'autant plus ſûres, & d'autant plus faciles, que nous n'avions preſque jamais
d'autres bleſſures à guérir, ou à pardonner, que des
bleſſures d'amour-propre, ni d'autres armes à dépoſer
que des défiances ſouvent injuſtes & toujours exagé-
rées: c'eſt qu'enfin, ſi dans nos chocs populaires,

* *Dédicace du* TABLEAU HISTORIQUE ET POLITIQUE
DES REVOLUTIONS DE GENEVE, 2 vol. 8vo. Londres, 1789.

quelques citoyens avaient péri les armes à la main, il n'y avait eu du moins ni lâchetés, ni cruautés qui déshonoraffent la victoire, & que les perfonnes & les propriétés des vaincus avaient toujours été religieufement refpectées.

Que les temps font changés ! Que d'attentats, que de crimes à placer à côté de l'hiftoire de vos ancêtres ! Quelles mœurs, quelles loix ont fuccédé à celles qu'ils vous avaient tranfmifes ! . . . . Vous avez facrifié à une influence étrangère votre démocratie tempérée ; vous lui avez fubftitué la plus hideufe anarchie ; vous avez livré la juftice, vos tribunaux, & l'élite de vos concitoyens à une poignée de brigands : vous leur avez permis de fe baigner dans le fang ; & femblables à ces bêtes féroces qui commencent par tuer, & fe nourriffent enfuite à loifir en fuçant les veines de leurs victimes ; lorfque cette fcène de carnage a commencé à vous fatiguer, fes auteurs font parvenus à y faire fuccéder celle du dépouillement qui fe prolonge encore.

Et c'eft au fein de tant de forfaits inouis que vous ofez élever un autel à ce Roufeau, dont vous êtes, dites-vous, les vengeurs & les apôtres !.... Blafphémateurs ! relifez cette belle *Dédicace* qu'il adreffa à vos ancêtres, & qui fera le monument durable de leur gloire & de votre honte. Il vous y préfentait leur *excellente Conftitution* comme la plus heureufe combinaifon *entre l'égalité que la nature a mife entre les hommes, & l'inégalité qu'ils ont inftituée.* Et cette belle combinaifon politique, fi admirable à fes yeux, qu'il n'imaginait pas même que *la nature des chofes humaines pût en comporter une meilleure*, vous venez de la renverſer par ces forfaits que vous décorez du nom de *conquête de l'égalité*, & dont vous avez l'impudence de faire honneur à ce même Rouſſeau, comme s'il eût préſidé à vos lâches conſeils.

Ah ! s'il vivait encore ! s'il voyait l'abus impie que vous oſez faire de ſon nom & de ſes principes, avec quelle indignation il vous dénoncerait aux générations futures, & à vous-mêmes !

" Malheureux !" vous dirait-il, " qu'avez-vous " fait de cette Genève que je m'étais plû à préſenter " pour modèle aux autres peuples ? Où eſt cette " *Conſtitution ſainte* de nos pères, *dictée par la plus " ſublime raiſon ?* Où ſont ces *vénérables paſteurs des " ames, ces zélés dépoſitaires de nos dogmes ſacrés, " qui commencèrent toujours par pratiquer eux-mêmes " les maximes de l'Evangile qu'ils portaient dans les " cœurs ?* Qu'eſt devenue enfin cette *Magiſtrature, " le Corps le plus intègre, le plus éclairé, & le plus " reſpectable de l'univers ?* Parricides ! vos mains " ſont dégouttantes de leur ſang ; je vous vois tout " couverts de leurs dépouilles ; vous avez réuſſi à " conſommer, en peu de jours, dans Genève, ce que, " pendant un ſiècle de rivalités & de haines, ſes " anciens ennemis n'auraient même jamais pu con-" cevoir. Vous l'avez transformée en une vaſte " Baſtille, dont preſque toutes les maiſons ſont des " cachots que vos geoliers, par commiſération, dai-" gnent ouvrir chaque jour pendant quelques heures. " Quoi ! il ne ſuffiſait pas à vos chefs d'avoir porté " le deuil dans toutes les familles par tant d'empri-

« fonnemens, de profcriptions, & de maffacres ; il
« leur fallait encore interdire aux pères, aux mères,
« aux époufes, aux enfans, d'en porter les marques
« extérieures ; car les larmes qui coulent en fecret
« ne font rien pour eux, tandis que la timidité d'une
« douleur muette eft un tribut de plus pour leur
« exécrable autorité.

« Qu'avaient-ils à reprocher à tant de familles ver-
« tueufes qu'ils ont frappées & difperfées ? Des
« principes d'ordre que, dans leurs caprices, il leur
« plaît d'appeler de l'ariftocratie, eux qui lui ont
« fait fuccéder le vol, l'affaffinat, le parjure & la
« tyrannie. Ah ! leurs premiers effais dans cette
« carrière furpaffent les derniers attentats de ce
« defpotifme qui avait tant enflammé mon ima-
« gination. Plus odieux encore, s'il eft poffible,
« par les raffinemens de leur hypocrifie, que par ceux
« de leurs cruautés, ces faux prêtres de la liberté ofent
« invoquer fon faint nom dans les temples de l'Être
« Suprême, dont ils ont fait leurs écoles de fédi-
« tion, & où ils proclament ouvertement leurs
« crimes comme des vertus. C'eft là que, tout en-
« vironnés de victimes palpitantes, ils débitent jour-
« nellement des maximes d'humanité ; & que, tout
« couverts de dépouilles & de pillages, ils atteftent
« leur juftice, leur défintéreffement, leur modéra-
« tion, ils vous tracent des leçons de fageffe, ils vous
« invitent à retourner au travail, à rentrer dans le
« fein de l'ordre & de la paix. C'eft là enfin que,
« dans l'efpoir de m'affocier avec eux à l'exécration
« des peuples à venir, leurs mains toutes fanglantes

5

" encore, ces mains facriléges qui viennent de
" renverfer les autels de notre religion pure,
" s'occupent à en raffembler les débris pour
" m'en élever à moi-même ! Grand Dieu ! les
" injuftices de mes contemporains furent pour
" moi des honneurs ; mais les honneurs qu'on me
" rend aujourd'hui, font le plus amer comme le plus
" accablant des outrages."

Genevois Révolutionnaires ! qu'auriez-vous à répondre à cette voix gémiffante ? Répliqueriez-
vous que vous vous êtes bornés à fuivre l'exemple des
Français ; que les circonftances, votre fituation, ou
votre faibleffe, vous ont fait un devoir de les imiter ?

Vous avez, dites-vous, imité les Français ! mais
où étaient dans Genève les courtifans dilapidateurs ?
Où était ici le Clergé qu'il était befoin d'affujettir
au pouvoir civil, ou qu'on oferait accufer d'infulter
par fon luxe à l'indigence du peuple, &, par fes
mœurs, à la fimplicité de la religion ? Où était la
claffe privilégiée que vous aviez à humilier, ou à combattre ? Montrez les prifons d'Etat que vous étiez
appelés à attaquer & à détruire ? Indiquez les taxes
injuftes ou les oppreffions dont le pauvre avait à fe
plaindre. Enfin, les Genevois qui venaient de s'armer
contre le vœu de leurs compatriotes, ceux qui avaient
fervi d'efpions ou d'avant-garde à des troupes étrangères, qui font-ils ? Pouvez-vous les nommer fans
rougir ?

Vous avez imité les Français !... Impofteurs ! Ce
peuple enivré croit du moins de bonne foi qu'il a
brifé un joug, & que, même à travers le crime, il
marche à la liberté : mais vous qui la poffédiez déjà,

& qui vous vantiez même d'avoir enfin atteint fans
réfiftance le fommet de la Démocratie, quel peut
avoir été le but de votre dernière révolution ? Ren-
trez en vous-mêmes, & fi vous le pouvez, trouvez-y
d'autres motifs que la foif du fang & l'amour du
pillage... " Oui, vos chefs ont conçu & vous ont
fait commettre, fans prétexte comme fans contrainte,
toutes les atrocités que la France effaie du moins
de juftifier aujourd'hui par la loi d'une impérieufe
néceffité."

Ces Français, que vous n'avez fu imiter que dans
leurs fureurs, ont du moins cherché à les réparer par
un noble dévouement, & par le plus brillant courage. Mais vous ! vous qui n'avez ofé regarder
vos victimes en face qu'après les avoir defarmées pendant le fommeil ; vous qui les aviez attirées dans vos
embûches fur la foi d'un traité juré & violé au moment même ; vous qui êtes tombés fur votre proie
à la manière aftucieufe & lâche des fauvages, à l'improvifte ; en fecret, de nuit, & fans qu'un feul des
vôtres fe foit expofé au plus petit danger perfonnel ;
de quel front vos chefs ofent-ils comparer leurs affaffi-
nats clandeftins, à la Révolution Française, toute
fouillée de crimes comme la vôtre, mais toute couverte du fang de fes défenfeurs, toute environnée de
périls, de facrifices, de combats & de victoires ?
Non, ce ne font ni les Français, ni Rouffeau, c'eft
Robefpierre & fes fatellites dont vos chefs fe font
montrés les imitateurs ou les difciples.

Qu'attendent-ils donc pour aller en tirer gloire
auprès de la Convention de Paris, & pour folliciter
fes remercimens ? Auraient-ils quelques fentimens

Z

secrets de l'horreur qu'ils y infpirent peut-être déjà comme par-tout ailleurs? Ou, cette Convention les aurait-elle repouffés d'avance, en les prévenant que leur infamie commence à rejaillir au dehors fur fa doctrine; que tout en vous maudiffant, les propres fectateurs de cette doctrine, revenus à eux-mêmes, & glacés de furprife & d'effroi, béniffent du moins la Providence d'avoir placé Genève à côté de la Ré-volution Françaife, pour en préferver le refte du monde. Je les ai entendus, ces fectateurs, proclamer enfin vos forfaits révolutionnaires comme le produit inévitable des nouvelles théories, & non plus comme celui des réfiftances étrangères qu'a rencontré la France. Ils conviennent aujourd'hui que, par la nobleffe de fon origine, par la grandeur impofante de fa marche, & par l'immenfité de fon objet, la Révo-lution de France était reftée jufqu'ici, pour leurs faibles yeux, environnée d'un nuage épais, & que celle de Genève vient de le diffiper. Ainfi, fes imi-tateurs l'ont encore mieux fait apprécier que fes auteurs.

Enfin, vous aviez cru, dites-vous, imiter les Français.... & bien imitez donc le dernier exemple qu'ils vous donnent: que Genève, fouillée par fes *Marat*, par fes *Hébert*, & fes *Robefpierre*, fe dé-livre, comme Paris, de leur joug odieux. Que leur châtiment irrémiffible, prompt & éclatant, foit le premier acte public de vos repentirs. Leurs crimes pèfent fur vos têtes; vous ne pouvez commencer à les expier que par le fupplice exemplaire de ceux qui en ont été les inftigateurs. Ah! c'eft ici feulement que *l'infurrection eſt le plus ſaint des devoirs*. Encore, pour que celle-ci fût vraiment ſanctifiée, faudrait-il qu'elle éclatât dans l'une de vos Aſſemblées du Peuple, dans le temple même de Saint Pierre. Oui, c'eſt dans cet antique ſanctuaire de la liberté Genevoiſe que doit s'élever le premier cri, *Périſſent les tyrans !* C'eſt là que doit commencer avec éclat, mais ſe pourſuivre enſuite avec calme, leur procès ſolemnel, à la face du Dieu qu'ils outragent, au ſein du peuple qu'ils oppriment, & qu'ils ont couvert d'opprobre.

Que ſi, dans la ſtupéfaction où j'apprends que vous êtes plongés, vous ne ſaviez à qui demander le premier compte de cet opprobre, je vais vous en ſignaler les principaux auteurs.

Je vous dénonce d'abord celui qui a mérité à leurs propres yeux une horrible prééminence ; cet homme qui n'aurait peut-être été qu'un agitateur ſubalterne, s'il n'avait pas eu pour contemporain, pour modèle & pour maître, le Néron de la France. Je vous le dénonce, ce Genevois qui, après s'être enivré à Paris du ſang qui coulait ſous le glaive du tyran, eſt revenu dans ſa patrie y couvrir les déſordres de ſa première jeuneſſe par les attentats de ſon âge mûr. Tour à tour corrupteur & aſſaſſin, voyez-le, malgré la cataſtrophe de ſon héros, vous inſulter publiquement en ſe croyant ſûr de l'impunité, & ſe délaſſer de ſes conſpirations dans des compagnies fangeuſes comme lui.

Je vous dénonce ſur-tout cet homme bien plus profond, toujours maître de lui-même, doué de ta-

lens rares, & mille fois fupérieur à tous ceux qui
s'agitent dans votre petit tourbillon révolutionnaire.
D'autant plus criminel dans tout le cours de cette
révolution, qu'il avait rendu plus de juftice à l'inté-
grité du Gouvernement légitime qu'elle renverfa, &
dont il occupe la première place ; qu'il s'était affocié
à lui dans le moment du danger, & qu'il lui donna
fur les projets des Français les premières alarmes,
dont il n'a pas rougi de lui faire enfuite un crime.
S'il s'eft montré lâche dans fa défertion ; s'il a voulu
effacer, aux yeux de fes nouveaux affociés, le mérite
de fes fervices patriotiques, par celui de fes excès
révolutionnaires ; s'il s'eft montré à Juffy le complice
des brigands qu'on l'avait chargé de contenir & de
réprimer ; fi dans cette fcène odieufe il a fait taire les
fentimens de la nature, de l'amitié, & de la reconnaiffance ; s'il a enfuite trahi tous les devoirs de fa nouvelle magiftrature, en fe plaçant dans les rangs des
Conjurés qui attaquaient la Conftitution dont il était
le principal auteur, dont vous lui aviez remis le dépôt,
& dont il venait de vous jurer d'être le gardien ; fi
enfin il a vu froidement égorger tant d'innocentes
victimes qui tombaient autour de lui en invoquant
fon autorité & fes fermens ; ce n'eft peut-être pas
qu'il aime encore le fang, mais il le laiffe couler avec
indifférence : ce n'eft peut-être pas non plus que le
crime foit encore un befoin pour lui, mais c'eft qu'il
lui fuffit de pouvoir dire qu'il ne l'a *ni provoqué
ni empêché :* c'eft que, fans entrailles comme fans
principes de moralité, il compte tranquillement
avec la tête d'un calculateur, que des hommes

5

tués font place à des hommes qui renaiffent ;
c'eft que ceux-ci ne font plus à fes yeux que des ma-
chines qui fe détruifent & fe remplacent : enfin, c'eft
qu'il fait de la politique ce qu'il avait fait de la religion, un métier plutôt qu'un miniftère. Le Robefpierre Genevois, honnête & pur au fortir de l'enfance,
s'eft du moins dégradé par degrés ; mais celui-ci eft
devenu pervers tout-à-coup. En confidérant ce qu'il
avait été & ce qu'il eft aujourd'hui, voyez l'effrayante
rapidité avec laquelle les révolutions dénaturent les
hommes ! Cet exemple & ce contrafte appellent fur
lui, s'il eft poffible, un châtiment plus exemplaire
que celui de fon affocié.

Je vous dénonce enfuite le *Marat* de Genève, cet
homme qui, après s'être long-temps agité dans fon
caractère atrabilaire & noir, n'a réuffi à fortir de fa
nullité fatigante qu'en inventant & en dénonçant
les prétendus complots des hommes de bien dont il
méditait le carnage. Il s'était engagé à vous en
fournir des preuves authentiques ; & cependant, ce
dénonciateur, affis lui-même fur le Tribunal d'où il
les envoyait à la mort, & interpellé par eux, n'a
jamais pu répondre un feul mot à leurs éclatantes
juftifications.

Mais le fupplice de cet affreux Triumvirat doit
être accompagné ou fuivi du châtiment de tous ceux
des Juges du Tribunal Révolutionnaire, qui ont
concouru à fes fentences de mort ; de tous ceux
qui fe font volontairement laiffés affocier à la Commiffion fpoliatrice qui lui a fuccédé, qui difpofe des
fortunes comme il avait difpofé des vies, & qui a

changé votre Hôtel-de-Ville en une caverne de brigands, où le crime tout organifé commande au crime, & en partage les fruits entre fes fatellites.

Quand ces monftres auront difparu, quand vous aurez fatisfait les mânes de l'innocence par le fang des coupables, alors feulement vous pourrez faire croire au monde que tant de forfaits que vous aurez enfin punis, n'étaient point votre ouvrage, mais celui des chefs fur qui vous les aurez vengés. Alors, après un deuil long, général, fincère & expiatoire, votre République pourra fortir fa tête de la pouffière, & folliciter un rang parmi les villes civilifées. Et encore, par quelle fuite non interrompue de vertus paifibles ne faudra-t-il pas honorer cette nouvelle Genève, pour rendre un jour à fes enfans l'eftime d'eux-mêmes, & celle de l'Europe, & pour effacer le nom de leurs pères du regiftre des affaffins de la liberté !

www.ingramcontent.com/pod-product-compliance
Lightning Source LLC
Chambersburg PA
CBHW070411090426
42733CB00009B/1628